らくらくメンテで長く楽しむ

苔テラリウム

よく育つ栽培方法・
管理しやすい苔選び

大野好弘

誠文堂新光社

長持ちする苔テラリウムの魅力について

忙しい日常から離れて、少し郊外の森に行き、森林浴をしながら苔に出会うだけで心が和みます。

苔には不思議な魅力があります。

小さな小さな植物ですが、拡大してみるとその姿はかわいくて、ずっと見ていたくなります。水の滴るような場所にキラキラと輝いている苔や、緑の絨毯のようにフカフカと広がっている苔、丸いかわいいコロニーを作っている苔など色々な姿で私たちを迎えてくれます。

苔の色は種類によっても、季節によっても濃い緑色から薄い黄緑色、明るいミントグリーンなどさまざまな色があります。何種類か合わせ

てみると微妙な色の差がよくわかります。

また、苔の形もヤシの木みたいな面白い形や動物の尻尾のような形、星のような形と楽しいです。見ているだけで癒やされる苔。そんな森の一部をそのままお部屋に持って帰りたくなります。それを可能にしてくれるのが苔テラリウム。

苔はどこにでも生えているため、栽培も簡単そうに思えますが、意外に長くきれいな状態を保つのが難しいといわれています。それは苔本来の性質を知らず、どの種類でも同じ栽培をしてしまうからでしょう。用土や植え方、栽培など、難しく考えすぎるとかえって長持ちしなくなります。

しかし、ちょっとした工夫で簡単に長く苔を楽しむことができます。この本ではそんなコツを、やさしくわかりやすく紹介します。ぜひ、自分だけの小さな手のひらの森を作り長く楽しんでください。

目次

CONTENTS

CONTENTS

Part
1

苔の種類と基本の植え方

INFANTRY
UNIFORMS
1742
1855
Robert and Christophe

苔の種類と基本の植え方

苔は身近にある植物です。そんな苔を簡単に栽培できるヒントとコツを紹介します。

苔は種類によって適した環境が違います。日の当たる乾燥した場所、沢などの涼しく湿った所、森の中の日陰など、成育環境が似た種類を考え、一緒に植えることで長く楽しめる苔テラリウムを作ることができます。

苔には色々な形があります。ヤシの木みたいな形や、傘を開いたような形、動物の尻尾みたいな形、塊が饅頭のような形など、見ているだけでも楽しくなります。

苔テラリウムを作る時に使う道具はピンセットとハサミ、スプーンなどと意外にシンプルです。家にある、蓋つきのかわいいガラス容器を使えば、すぐに作ることができます。

ポイントさえわかれば管理も簡単で長持ちします。相性のよい苔を何種類か使い、かわいくてきれいな苔テラリウムを作りましょう。

基本の道具

ピンセット　繊細な苔を挟むため、なるべく挟んだ時タッチの軽いものを選びます。長さは20cmから25cm位が使いやすいです。先はまっすぐで細く、ピンセット先の裏に、滑り止めのあるものがよいです。写真のピンセットは先に小さなスプーンのついた著者オリジナルです。

スプーン　錆びにくいステンレス製のものがよく、砂利や土を入れる時に使います。

ハサミ　刃の幅が狭い方が苔を見ながら切れて便利です。仮根を切る時や、成長し伸びた部分を切るのに使います。

用土を入れる容器　キッチン用のボウルなどを使います。角がある容器だと土がすくいにくいです。

用土器　小さめのものを使います。器や植木鉢に土を入れるのにあると便利です。

霧吹き　逆さにしても噴霧できるものがよいです。苔に水を与える時に使うだけでなく、作品作りで器の内側についた土などを落とすのにも使います。

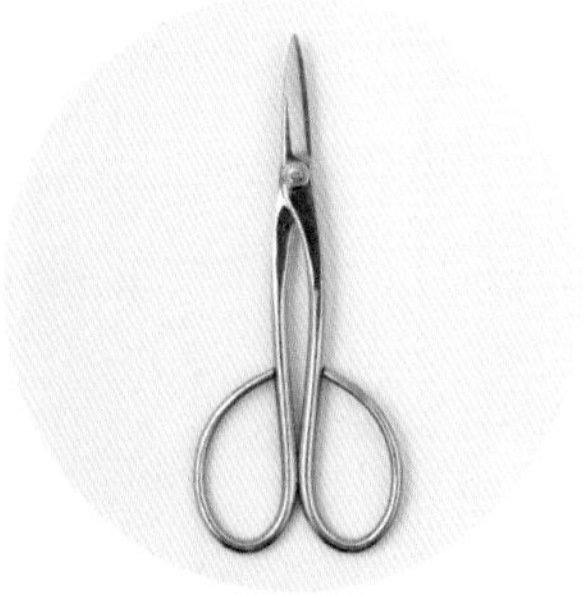

ハサミ

スプーン

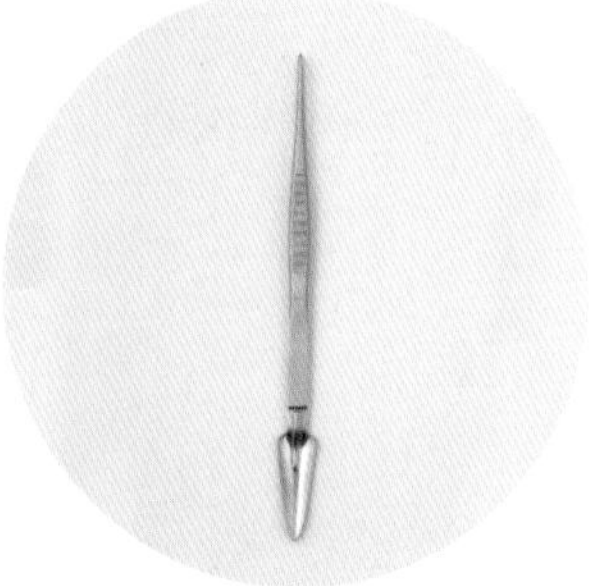

ピンセット

霧吹き

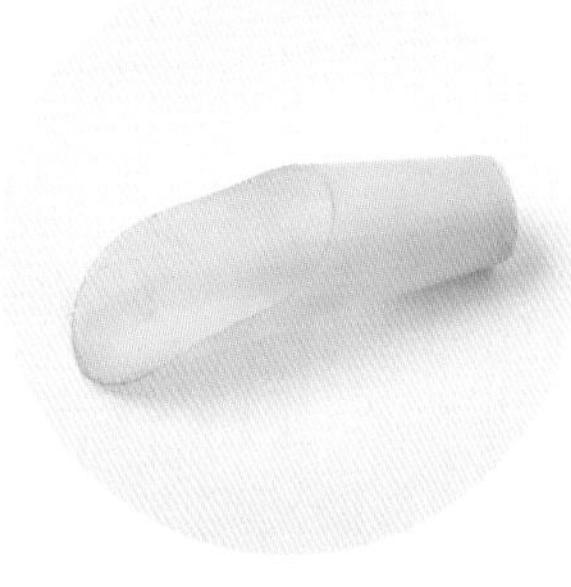

用土器

用土を入れる容器

砂利

硬質赤玉土

ケト土

基本の用土

・硬質赤玉土

本書では硬質赤玉土の小粒を基本用土として使います。

赤玉土には軟質と硬質があります。軟質は園芸店やホームセンターで、赤玉土と表記されているものです。価格は安いですが、水に溶けて崩れるため苔テラリウムには使用できません。

小品盆栽などで使用する水に溶けにくい、硬質タイプの赤玉土を使います。通信販売で購入できます。なければ焼赤玉土を選びましょう。

赤玉土は弱酸性です。苔はアルカリ性を嫌うため、アルカリ性の軽石や炭、くん炭などをブレンドすると長持ちせず枯れてしまいます。シンプルな硬質赤玉土単用をおすすめします（本文では赤玉土と表記します）。

・砂利

赤玉土の上に敷きます。余分な水分を苔が吸わないようにしたり、冷却の役目をします。水に溶け出さない種類の砂利を選びます。寒水石や珊瑚岩は水に溶け出し、アルカリ性になります。

・ケト土

苔玉を作る時に、苔を貼りつける接着剤代わりに使います。きめが細かく粘りのあるケト土がよいです。一度乾燥するとなかなか水を吸わないため、袋のまま、密閉容器に入れて保管します。

苔の入手方法

通信販売で購入した苔。種類ごとに容器に入って送られてくる。

・園芸店や通信販売を利用する

最近は苔玉や苔テラリウムが一般的な趣味となっているので、園芸店やホームセンターなどで購入することができます。また、苔の専門店や生産者から通信販売で購入することもできます。

季節や生産状況によって、入手できる苔の種類は変わります。ウェブサイトで検索をして、お気に入りの店を探してみましょう。

購入する時はあらかじめ、山採り品か栽培増殖品かを確認し、栽培増殖品を選びましょう。山採り品しかない時は、採取した後キュアリングしてある苔を購入します。お店で買う時は色が鮮やかな緑色で新葉の伸びていないものを選びます。

購入後、苔が届いたらすぐに開封し、日陰の涼しい場所に置きます。夏場は高温になるため、短い期間ならば、小さなパックは冷蔵庫の野菜室に入れて管理します。

・天然の苔の入手と手入れ

ハイキングなど野山に出かけると、天然の苔が生えています。園芸店や通信販売では売ってない種類の苔と出会えることもあるでしょう。自生している苔を収集する際に気をつけることは、国立国定公園の特別保護地区や自然環境保全地域内では採取できないということです。個人・団体の私有地では、管理者に許可をとりましょう。野山に行き勝手に採取はできません。私有地の管理人に許可をいただいても、沢山採取したり、全部採るのはやめましょう。全て採ってしまうと、もう生えてこなくなります。種類によっては成長が遅いものもあります。自分が苔テラリウムを作るのに必要な分だけ採取しましょう。

手袋をして採取します。苔の中にはムカデ、アリ、クモ、マダニ、ハチが隠れていることがあります。刺されたり。噛まれたりすると大変です。小さめのスコップで仮根の下からすくい採取します。

採取した苔は仮根側を合わせて折りたたみます。直接ビニール袋に入れると葉が擦れたり、蒸れやすくなります。流しなどに使用する不織布のゴミ取りカバーに入れ、ビニール袋に入れます。発泡スチロールの箱に入れ、高温にならないように気をつけて持ち帰ります。

通信販売で購入した栽培ものの苔（右）と天然ものの苔（左）。

苔の下準備

■天然ものは、採取後すぐに手入れをする

自生しているものを採取した場合は、採取後すぐに手入れが必要です。天然ものには、その土地の土やゴミなどがついていたり、傷んだ部分もあります。そのまま苔テラリウムに植えると、テラリウム全体がすぐに傷んでしまう可能性が高いです。

苔の両面をシャワーで洗い、ゴミや汚れを落とします。苔の奥の方まできれいに洗い流しましょう。

アリやマダニ、ムカデ、クモなどがいないか確認し、容器にキッチンペーパーを敷き、その上に苔を広げます。たっぷり水を与えて苔をまんべんなく湿らせたら容器を傾け、たまった水を出し、日陰で管理します。種類によっては蓋をして管理します。

1週間そのまま観察し、枯れなければ苔テラリウムに使用します。環境に合わない場合、茶色く枯れてしまいます。

……苔の洗い方……

1

苔がバラバラにならないようにネットなどの上に置いて、シャワー（水）で流す。

→

2

次に裏返して、表と同様にシャワーで洗い流す。

↓

3

特に裏側の奥には、ゴミや汚れがついているので、細かくチェックして洗い流す。

→

4

裏面を流したら、再び表に返して表面に残っている汚れを落とす。

苔の種類

本書では、入手しやすい栽培ものの苔を使用します。
色、大きさ、形の違う苔を組み合わせて使います。

ジャゴケ

オオカサゴケ

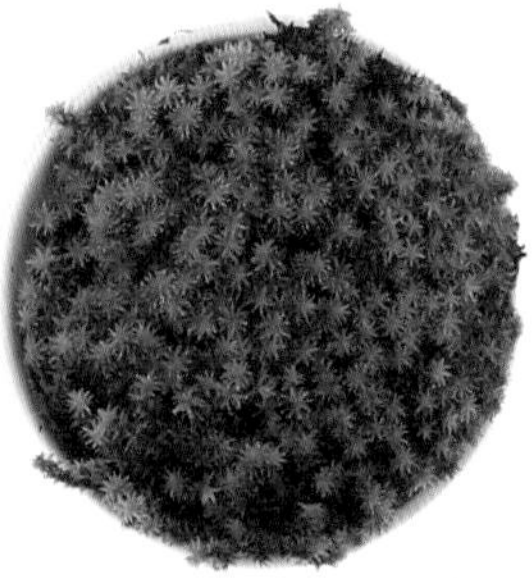

エゾスナゴケ

ハイゴケ

シシゴケ

ホソホウオウゴケ

コウヤノマンネングサ

トヤマシノブゴケ

ネズミノオゴケ

シッポゴケ

タマゴケ

コツボゴケ

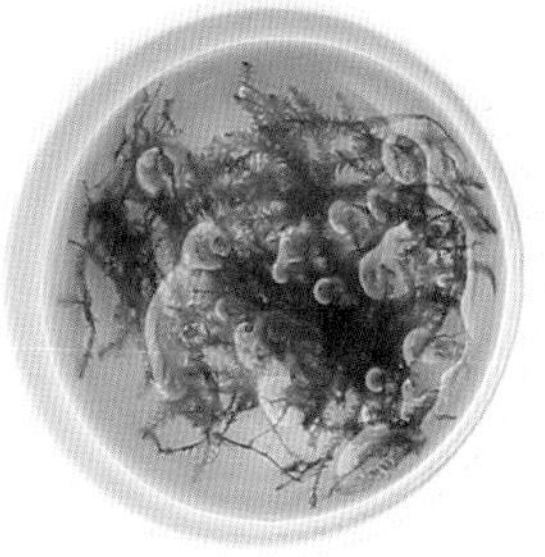
ウィローモス

ヒノキゴケ

ホソバオキナゴケ

苔が好む条件を知る

■条件は3つ、乾燥・湿気・湿った状態

苔は種類によって乾燥、湿気、湿った状態と好みがあります。乾燥を好むはホソバオキナゴケ、シシゴケなどは、苔庭やオープン苔テラリウムなどに使うのがよいです。葉が乾燥しない湿気を好むタマゴケ、コウヤノマンネングサ、などは開閉ボトルタイプの苔テラリウムがよいでしょう。土も常に濡れ湿った状態を好むジャゴケ、コツボゴケなどは密閉ボトルタイプが向いています。クロカワゴケなどは水槽に沈め、メダカなどと一緒に楽しむことができます。

苔の適応力を見極め、同じ環境で栽培できる種類を一緒に容器や鉢に植えます。

窓際などの直射日光を避け、明るい部屋に置きます。高温になると、容器内が熱くなり苔が茹《ゆ》だって枯れてしまいます。

鉢植えは朝日が当たる場所か直射日光の当たらない明るい所に置きます。

苔適応表

名前	特徴	乾燥を好む	湿気を好む	湿った状態を好む	適した使い方
ホソバオキナゴケ 	乾燥すると白く、湿ると明るい緑色。コロニーは饅頭のような丸い塊でかわいい。	○	○		苔庭 オープン苔テラリウム ボトル苔テラリウム
タマゴケ 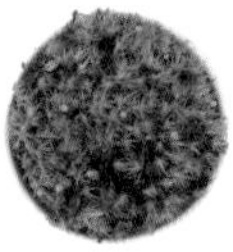	早春に青リンゴのような丸い胞子嚢をつける。コロニーも丸くフサフサしている。	○	○		苔庭 オープン苔テラリウム ボトル苔テラリウム
シシゴケ 	葉は短い。濃い緑色でベルベットのように光沢がある。乾燥してもあまり変わらない。	○			オープン苔テラリウム ボトル苔テラリウム
ヒノキゴケ 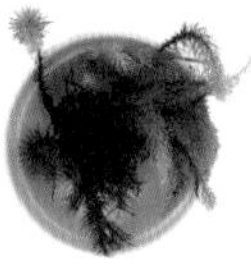	葉先が少しカールし、赤みがかった葉をつける。乾燥するとチリチリになり巻き込む。		○		苔庭 オープン苔テラリウム ボトル苔テラリウム
トヤマシノブゴケ 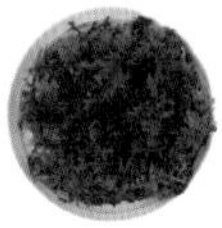	シダ植物のような形をしている。環境によって黄緑色から鮮やかな緑色の小さな葉をつける。		○	○	苔庭 オープン苔テラリウム ボトル苔テラリウム 苔玉

名　前		特　徴	乾燥を好む	湿気を好む	湿った状態を好む	適した使い方
コウヤノマンネングサ		ヤシの木のようなスタイルでインパクトがある。葉は緑色で、茎は赤褐色で艶がある。		○	○	ボトル苔テラリウム
ジャゴケ		葉の表面がヘビの皮膚に似ている。葉の色はモスグリーンでもむと柑橘系の香りがする。			○	苔庭 ボトル苔テラリウム オープン苔テラリウム
シッポゴケ	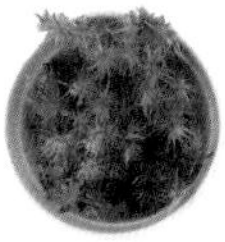	フサフサした姿はリスの尻尾に似ている。葉は明るい緑色で柔らかく白い仮根がある。		○		苔庭 ボトル苔テラリウム
コツボゴケ		クリアグリーンの卵形の葉をつける。雄株の雄花盤はまるで苔に花が咲いたように見える。			○	苔庭 ボトル苔テラリウム
エゾスナゴケ	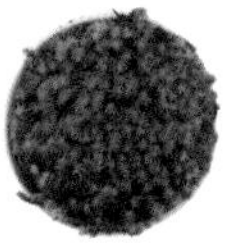	乾燥した状態は縮れたモール状になる。濡れると一瞬で葉を開き黄緑色の星のようになる。	○			苔庭 ボトル苔テラリウム
オオカサゴケ	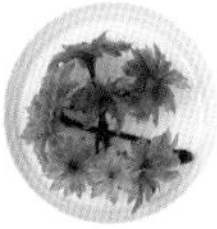	番傘を開いたような姿できれい。単体の苔では非常に大きく緑色のバラが咲いたように美しい。		○	○	ボトル苔テラリウム
ハイゴケ		日向にも生え、乾燥すると黄色く縮れる。濡れると明るい緑色になり紅葉すると黄金色。		○		苔庭 オープン苔テラリウム ボトル苔テラリウム 苔玉
ホソホウオウゴケ		鳳凰の羽根に似た形。葉は緑色で湿気がないとすぐに黒緑色になり、カサカサに縮れる。			○	苔庭 オープン苔テラリウム ボトル苔テラリウム 苔玉
ネズミノオゴケ		ゴワゴワした葉が特徴的。ネズミの尻尾に似た形。乾燥してもあまり形は変わらない。		○		苔庭 オープン苔テラリウム ボトル苔テラリウム

基本の植え方 1

乾燥が好きなタイプ

乾燥が好きなタイプの苔にはエゾスナゴケ、シシゴケ、ホソバオキナゴケなどがあります。乾燥が好きなタイプの苔は見た目は悪いですがチリチリに縮れたり、白くカサカサになった状態でも大丈夫です。水を与えたらきれいな姿に戻ります。

ボトルタイプの苔テラリウムでは一度霧吹きをして水を与えたら、長い時間そのまま楽しめます。苔適応表（18ページ）を見て、乾燥が好きな種類を一緒に植えることが、長持ちする苔テラリウムを作るコツになります。乾燥が好きなタイプをボトルに植える時は、なるべく仮根の周りは砂利で囲み、水がたまらないようにします。乾燥が好きなタイプの管理方法は、密閉ボトルならほとんどそのまま何もしなくても大丈夫です。オープンタイプは時々苔に霧吹きで水を与えます。置き場所は室内の明るい場所で直射日光が当たらない所に置きます。

エゾスナゴケのアレンジ

1

赤玉土（小粒）を容器の３分の１程度入れる。

2

容器の大きさに合わせて、エゾスナゴケをハサミでカットしていく。

3

ピンセットを使って苔を土の上に配置する。指で軽く押さえながら、ピンセットを外す。

4

苔の外側を整えたら、周りを囲むように、砂利をピンセットで配置していく。

5

土や苔に水分が行き渡るように、しっかりと霧吹きで水を与える。

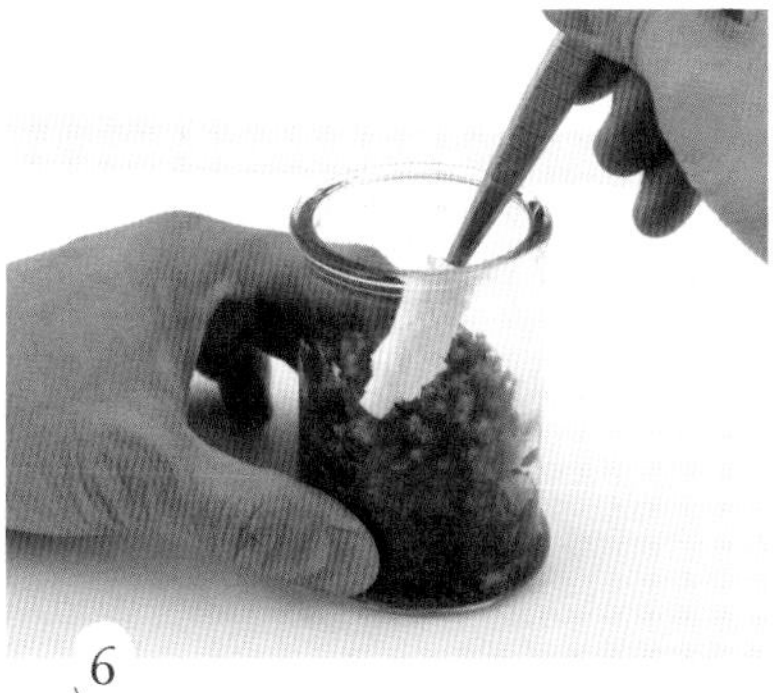

6

ピンセットに紙を巻きつけて、ボトルの内側の水を拭き取り。

湿気が好きなタイプ

湿気が好きなタイプの苔はタマゴケ、ヒノキゴケ、シッポゴケ、ネズミノオゴケなどです。自然界では林の縁や森の中で、涼しく湿気のある場所に自生しています。湿気が好きなタイプの苔はオープンタイプの苔テラリウムなどではすぐに乾燥してチリチリになってしまいます。まめに水を与えれば大丈夫ですが、与えられない場合はなるべく蓋つき容器を選ぶとよいでしょう。湿度のある状態を保つと長持ちします。

湿気が好きなタイプの管理方法は、完全に密閉タイプの容器の場合、2～3ヵ月に1回霧吹きでサッと水を与えます。あまり与えすぎて、水がたまる状態はかえって苔が腐り枯れてしまいます。特に夏場は高温で傷んでしまいます。

霧吹きのタイミングで苔が伸びていたら、ハサミでカットします。

メンテナンス中に、カビの胞子が入るのを防ぐため、作業は短い時間で行います。

ヒノキゴケ・コツボゴケのアレンジ

1

ヒノキゴケを1本取り出す。苔の仮根付近で茶色に変色している部分をカットして整える。

2

ピンセットで苔を挟み、赤玉土（小粒）に垂直にさす。

3

苔の先端を指で押さえながら、ピンセットを引き抜く。

ポイント

ピンセットを使った苔の持ち方

高さのある苔を植える時は、ピンセットで苔全体を覆うように挟みます。仮根だけを挟んでも、上手に土に垂直にさし込むことはできません。苔の仮根とピンセットが同じ方向になるようにつかみます。

×

仮根をつまむようにピンセットで挟むと、土に垂直にさし込めない。

○

土にさし込む時に、ピンセットの先と仮根が同じ方向になるように、苔全体を挟む。

4

ヒノキゴケを3本まとめて植え込む。束にして、ピンセットで全体を覆うように挟む。抜く時は同様に指で苔の先端を押さえる。

5

コツボゴケをハサミでカットする。変色した仮根はカットして整える。

6

ヒノキゴケのとなりにコツボゴケを配置する。土にしっかりさし込む。

7

ボトルに沿わせるように砂利を配置する。

8

苔の周りに砂利を入れたら、隙間を埋めるように、全体をピンセットで整える。

9

土や苔に染み込むように、しっかりと霧吹きで水を与える。

大きな苔の植え方

苔単体はエゾスナゴケやホソバオキナゴケのように小さなものが多いです。しかし、中にはコウヤノマンネングサやオオカサゴケといった単体で見応えのある苔もあります。

これらの大きな苔は深山の広葉樹の落ち葉が積もる湿った場所にひっそりと生えています。アレンジする時は自生地に似た環境になるように作るとよいでしょう。

形にインパクトが強いため苔テラリウムを作る時に植える配置を考えてアレンジします。また、何種類か一緒にアレンジする時は小さな苔から植えていきます。

コウヤノマンネングサは苔界ではキング、オオカサゴケはクイーンと呼ばれ人気があります。オオカサゴケは直径３cmを超える大きな個体もあります。番傘を開いたような姿は美しく魅力的です。キングやクイーンを苔テラリウムに入れて栽培してみてはいかがでしょうか。

コウヤノマンネングサのアレンジ

1

仮根の長さと同じ高さまで赤玉土（小粒）を入れる。

2

赤玉土（小粒）の表面を覆うように砂利を入れる。

3

ピンセットで仮根を覆うように挟む。

4

中央の砂利の中にピンセットを垂直にさす。

5

苔を指で押さえながら、ピンセットを抜く。同様に周りに数本さす。

6

土と苔全体にしっかり水が浸透するまで霧吹きする。

苔テラリウムを長持ちさせるポイントとメンテナンス

■植えつける苔の状態

苔テラリウムを作る時、できるだけよい状態の苔を選ぶことが重要です。苔には栽培増殖したものと天然採取ものがありますが、できれば安定している栽培増殖ものを使う方がよいでしょう。また、植える時に枯れていたり、傷んでいる部分はハサミでカットして整えてから使いましょう。苔の表面にカビなどが生えていたら、使うのはやめて他の苔を使いましょう。また、変な臭いのする苔パックは輸送中に蒸れて傷んでいる場合があります。蒸れた場合、3日くらいしてから急に黄色く枯れます。なるべく鮮やかな緑色で、艶のある苔を使うようにしましょう。

■用土について

苔を長持ちさせるために用土にこだわる人もいるかもしれません。山野草などの栽培では自生地の環境に近い性質の用土を作るために、いろいろな土をブレンドすることがあります。成育がよくなることもありますが、私はシンプルな方法をおすすめします。用土は基本的には硬質赤玉土の小粒だけで十分です。それだけで、長持ちする苔テラリウムができます。

苔玉などは苔を接着させたり、形を整えるために粘土質のケト土を使いますが、これも複雑なブレンドはしなくてもしっかり長持ちするものができます。

シンプルな配合がよい理由は土の種類によっては崩れたり、炭やくん炭などは、吸収したアンモニアや硝酸塩などを排出するからです。そのため用土の性質が変わってしまいます。長持ちする苔テラリウムを作るには、できるだけ性質の変わらない用土を使った方がよいのです。

用土は雑菌やカビの胞子、植物の種子、微生物や小さな生き物がいることがあるため、野山や周りにあるものではなく、園芸店などで購入したものを使いましょう。購入した硬質赤玉土は粒が揃っていなかったり微塵が混ざったりしています。ふるいにかけて粒を揃えましょう。土の粒が硬く崩れていないものを使います。

同じ大きさの赤玉土でも、右は粒が揃っている。
左は砕けて粒が不揃いになっている。

伸びすぎた苔をカットする

長持ちする苔テラリウムは植えた苔が長く伸びすぎてしまうことがあります。伸びた苔はその部分をハサミでカットしてアレンジの形を整えます。

カットした苔は別のボトルに土を入れてその中に植えれば育ちます。苔を引っ張りすぎると抜けてしまうため気をつけましょう。また、少し短かめにしておくとカットするまでの時間が長くなります。

1
アクリルケースの苔テラリウム。シッポゴケが成長して、容器の上部まで伸びている。

2
苔の先端を指でつまむ。その時に土から引き抜かないように注意する。伸びた分、ハサミで先端をカットする。

3
バランスを見ながら、伸びすぎた部分をカットする。

4
全体的に整えたら、霧吹きで水を与える。

ボトルの水滴

苔テラリウムは置く場所の環境によって季節や温度の変化で容器の内側に水滴がつくことがあります。放っておくと容器内と外気温が同じになり、やがて水滴はなくなります。温度差のある場所では水滴がつきやすいため、なるべく温度差がない場所に置くとつかなくなります。

ついたままでも苔に影響はないですが、もし水滴を取るならば、ピンセットにあらかじめ細く切ったキッチンペーパーを巻きつけて拭き取ります。拭き取りにくい容器の口元は、指先に切ったキッチンペーパーを巻いて拭き取りましょう。

制作してから1年以上経過している苔テラリウム。容器の中の湿度など環境は問題なく、苔も生育しているが、温度差のある場所に置いていたので、ボトル内側に水滴がたまっている。

ピンセットにキッチンペーパーを巻きつけて、内側の水滴を拭く。四角いボトルの角などは指先に巻いて拭き取る。

部分的に苔が枯れている

カーテン越しに薄日がさす場所や、夏場の夜エアコンの止まる店舗などに置いてあると、容器内が高温になり、茹だったり、蒸れたりして傷みます。
その場合は枯れている部分をカットするか、ひどく枯れ込んでいる場合はその部分を取り出し、新しい苔を植えるとよいでしょう。カットする場合、傷んだ部分より少し下をハサミでカットします。容器内に落ちた傷んだ葉などはカビなどが生えやすいためピンセットで取り除きます。

1
背の高いコウヤノマンネングサが枯れている状態。原因は高温になったため。

→

2
枯れているコウヤノマンネングサをピンセットで取り除く。

↓

3
枯れたものを外した状態。

←

4
新しい苔を植えつけて、霧吹きでしっかり水を与える。容器の内側の水滴を拭き取る。

全体的に枯れたり、傷んでいる

日差しが当たってしまう場所に置いてあったり、数年間メンテナンスしないで放置したりしていると間延びして枯れたり、全体的に傷んだりします。

全体的に傷み枯れている場合は苔を全部取り出して、総入れ替えをしましょう。カビなどがない場合は石や土はそのままで大丈夫です。苔を植えにくい時はスプーンで砂利をすくい出し、苔を植えたあとにもう一度入れましょう。コウヤノマンネングサや、オオカサゴケなどの大きな苔を入れる場合は、一番最後に入れましょう。

1

日当たりがいい窓辺に放置していたために、全体が茶色くなっている。苔が枯れたり、溶けたりしている。

↓

2

傷んでいるものをすべて取り出す。土や石はそのままでよい。

↓

3

元のアレンジを再現するように、苔を植えつけていく。

→

4

苔を植えたら、全体にしっかり霧吹きで水を与えてできあがり。

苔の増やし方

苔はクローン増殖で増えます。赤玉土と元になる苔を用意します。赤玉土がなければ、湿らせたキッチンペーパーと蓋つきのパックでも代用できます。

常に湿らせた状態を保てば冬の寒い時期でも2～3週間で芽生えてきます。ハイゴケ、トヤマシノブゴケは比較的成長が早いです。ホソバオキナゴケ、シッポゴケは成長が遅く、シシゴケ、コウヤノマンネングサは非常に成長がゆっくりです。

成長中は直射日光の当たらない明るい所に置きます。日陰だと徒長してしまいます。成長の早い種類では半年くらいでパックの中がシート状になります。

ホソバオキナゴケやシシゴケ、タマゴケなど丸いコロニーのスタイルにする場合は途中で小さな塊にして成長させます。

単体のオオカサゴケやコウヤノマンネングサなどは葉の下の茎を切り分け、赤玉土の上に並べて2ヵ月ほど暗い場所で管理すると芽吹きます。

1
苔を細かくカットする。

2
赤玉土にカットした苔をばらまく。

3
土の中までしっかり霧吹きで湿らせる。

4
1ヵ月後、新しい芽が生えてきた。

Part
2

苔テラリウムの作り方

長持ちする苔テラリウム

パート2では、さまざまな種類の苔を使って、苔テラリウムを作ります。長持ちする苔テラリウムに仕立てるために、まずは容器を選ぶところから。蓋などはなく口が開いているオープン（開放）タイプか、ボトルなど蓋が閉まるクローズド（密閉）タイプか、容器によって配置する苔の種類も変わってきます。

オープンタイプには、比較的乾燥に強いエゾスナゴケやシシゴケなどが適しています。逆に、クローズドタイプには、オオカサゴケやコウヤノマンネングサなどが向いています。乾燥にも湿気にも強いトヤマシノブゴケなどは、どんな苔テラリウムに入れても大丈夫です。成長が早いため、適度にトリミングします。52ページには、水の中で生きることができる苔を使った水槽のレイアウトもご紹介します。種類と配置の仕方を覚えれば、苔のアクアリウムも作ることができます。ぜひお試しください。

オープンタイプ　クローズドタイプ

コットンケースに好きな苔を
オープン・クローズド
併用できる苔テラリウム

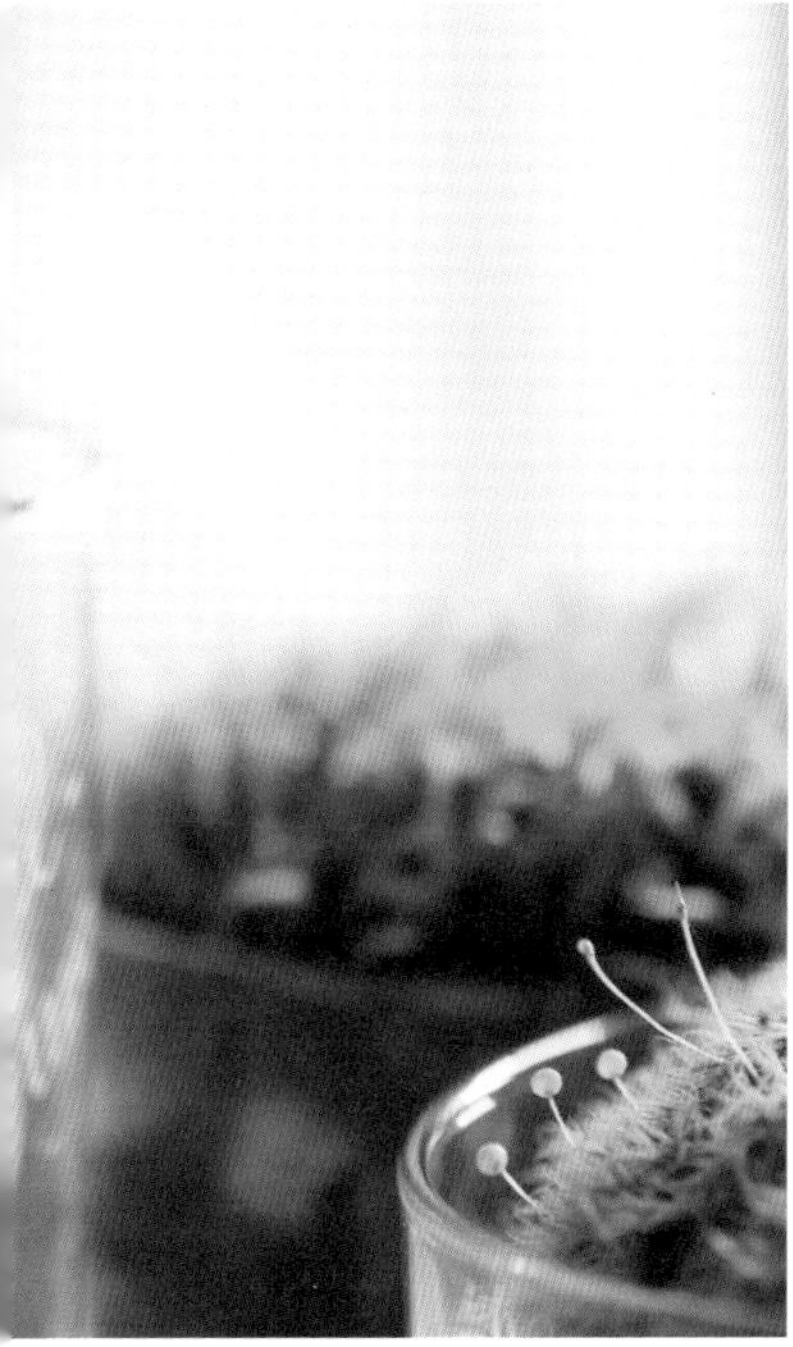

ガラスのコットンケースで苔テラリウムを作ります。蓋つきのコットンケースは、蓋を使うかどうかで、オープンタイプにもクローズドタイプにもなります。乾燥が好き、湿気が好きといった苔の特徴は気にせずに、気に入った苔を選びましょう。

用意するもの…タマゴケ・赤玉土（小粒）・寒水石・コットンケース・ハサミ・ピンセット・スプーン・霧吹き

作り方

1

容器に赤玉土（小粒）を入れる。山型になるように中央部分は多めに盛る。

2

タマゴケを容器の大きさに合わせてカットする。

3

ピンセットで苔を挟み、土に植える。

4

苔をスプーンなどで押さえながら、全体の形を整えていく。

5

容器の縁に沿って、化粧用の寒水石を入れる。

6

土と苔に染み込むまで、しっかりと霧吹きで水を与える。

＊作り方は36〜37ページ写真左の作品を紹介。写真中央はネズミノオゴケ、右はオオカサゴケを使用している。

クローズドタイプ

高低差をつけることで、湿気を管理できる縦置きボトルの苔テラリウム

縦置きで蓋がついているクローズドタイプの苔テラリウムです。縦長を活かして、高低差をつけることで、湿気を管理できるので、乾燥が好きな苔も湿気が好きな苔も一緒に植えることができます。石を使って土を止めるテクニックも学びます。

用意するもの…トヤマシノブゴケ・ホソバオキナゴケ・コウヤノマンネングサ・赤玉土（小粒）・砂利・長径3～5cmの石2個・蓋つき縦置きボトル・ハサミ・ピンセット・スプーン・霧吹き

……… 作り方 ………

1

ボトルを斜めに持ちながら、赤玉土（小粒）を入れる。

2

土の傾斜部分の中央に、石の角ばった部分を土に埋め込むように配置する。ボトルを細かく揺すり、石を固定するイメージで。

3

②で入れた石のとなりに、もう１つ同様に配置する。

4

２つの石の間に、棒状にカットしたトヤマシノブゴケを入れる。

5

石の隙間に押し込むようにして、トヤマシノブゴケを整える。

6

同様に棒状にカットしたトヤマシノブゴケを２つの石の逆側にピンセットで配置する。

7

ボトルの上部に適当な大きさにカットしたホソバオキナゴケを入れる。ホソバオキナゴケは乾燥を好むため、上部に配置すると長持ちする。

8

ボトルの底にスプーンやピンセットなどで砂利を入れる。

9

横から見てポイントになる位置に、コウヤノマンネングサをさす。

10

霧吹きでたっぷり水を与える。

長持ちさせるポイント

1つの苔テラリウムでも、高低差をつけることで上下で湿度調整ができます。上部は比較的乾燥が好きな苔、下部は湿気が好きな苔を配置すれば、バリエーションもつけられて、より長持ちする苔テラリウムを作ることができます。

オープンタイプ

石ころや貝殻で アクセントをつけた シンプルな苔テラリウム

ゴブレットで作るオープンタイプの苔テラリウム。乾燥が好きな苔を選ぶとよいでしょう。アクセントに石や貝殻を使えば、色々な表情が楽しめます。複数作ってまとめて飾っても。

用意するもの…シッポゴケ・赤玉土（小粒）・寒水石・長径2～3㎝の石1個・ゴブレット・ハサミ・ピンセット・スプーン・霧吹き

作り方

1

ゴブレットの3分の1程度まで赤玉土を入れる。

2

ゴブレットを斜めに持ち、石を埋め込むように配置する。軽く揺するとよい。

3

石を配置した状態。

4

シッポゴケを石の周りに植える。数本束にしてピンセットで挟んでさし込む。

5

化粧用の寒水石（白）を外側にスプーンなどで入れる。土・苔全体に染み込むまで霧吹きでしっかり水を与える。

長持ちさせるポイント

オープンタイプの苔テラリウムは、土や苔が乾いてきたら、たっぷり水をやる。直射日光が当たる窓辺などは避ける。

＊作り方は、42ページ写真下のものを紹介している。写真一番上は、ホソバオキナゴケとムスカリの球根の寄せ植え、2列目左はホソバオキナゴケとウニの貝殻、3列目はエゾスナゴケと石を使っている。

苔テラリウムを彩る素材

苔テラリウムを作るのに砂利は必需品です。苔を固定したり、余分な水分を吸わせないようにしたり。その砂利の原料は石です。なるべく水に簡単に溶けない種類の石がよいです。石灰岩や泥岩、砂岩などは時間が経つと含んだ水分で溶け崩れたり、pHを変えてしまいます。溶けにくい、かんらん岩などは適しています。

溶岩や軽石など表面に細かな穴のある石はバクテリアが繁殖しやすいため、ボトルタイプには向きません。

飾りに使うカラフルな化粧砂は種類によって濡れたら染料が溶け出すものがあります。あらかじめ、少量濡らして色落ちしないか確認してから使いましょう。

透き通ったガラス砂は指先を切りやすいため直接は触らず、スプーンでそっとすくってゆっくりデコレーションしていきます。

貝殻

サクラガイやタカラガイなどは苔に添えたり、ヒメジャコやサザエなどの穴がある貝殻は中に苔を植えることもできる。ウニの殻は壊れやすいので慎重に苔に添え楽しむ。

ビーチグラス

砂浜や海岸に落ちているビーチグラス。塩分を水で洗い流して使う。

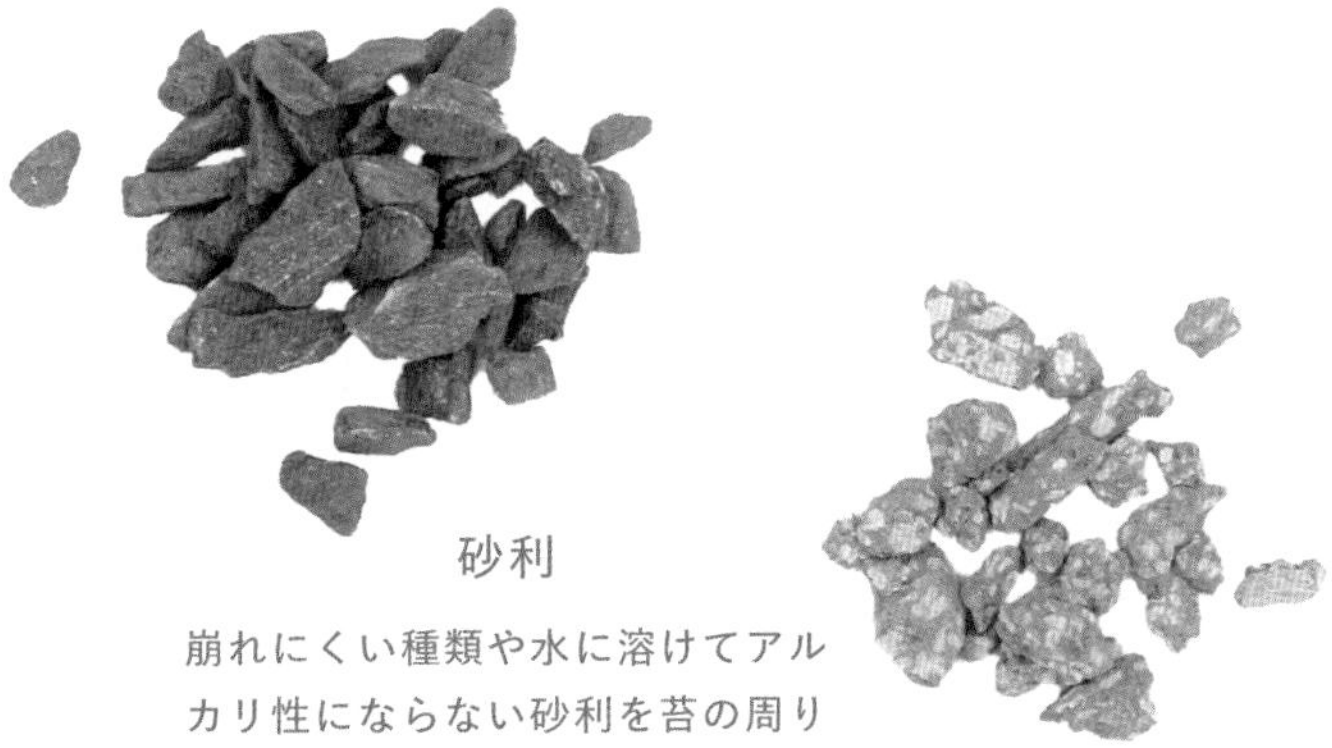

砂利

崩れにくい種類や水に溶けてアルカリ性にならない砂利を苔の周りに敷く。苔に汚れなどがつきにくくなる。好みの色の砂利や水晶などの鉱石の細かな粒を敷き、彩りを添えてもよい。

岩石

なるべく多孔質でない、表面に穴のない滑らかな石を選ぶ。溶岩石などを使う時は煮沸し、内部のバクテリアや細菌を死滅させてから使う。海で拾った石は水に浸けて塩分を抜く。

存在感のある岩石に、接着剤で苔を貼りつけて、立体的な世界を作ります。割れやすいガラスドームに立てかけることなく、岩石をしっかり立たせることが大切です。ボンドは水分で硬化するタイプを選びます。

クローズドタイプ

苔を接着剤で岩石に接着 立体感のある ドーム型アレンジ

用意するもの…シシゴケ・エゾスナゴケ・赤玉土（小粒）・岩石・シャーレ・ガラスドーム・ハサミ・ピンセット・スプーン・霧吹き・接着剤

………作り方………

1

シャーレに赤玉土（小粒）を入れ、中央に岩石を配置する。自立するようにしっかり埋め込む。

2

シシゴケに水をたっぷり含ませてから、接着剤を苔の仮根部分に塗る。接着剤は水分で硬化するものを選ぶ

3

接着剤をつけた苔を岩石に貼りつける。

4

苔テラリウム全体のバランスを考えて、シシゴケを貼っていく。

5

岩石の足元にエゾスナゴケを植えつける。写真は量が多いように見えるが、少し多いくらいでよい。

6

シャーレにエゾスナゴケを入れて、周りを整える。霧吹きでしっかり水を与えドームをかぶせる。

クローズドタイプ

上から見ても、横から見ても楽しめる横置きボトルの苔テラリウム

クローズドタイプの横置きボトルは、上からも横からも苔テラリウムの中を見ることができます。長さがあるので、3つに分けて奥から手前にかけて仕上げていきます。

用意するもの…コウヤノマンネングサ・ホソバオキナゴケ・オオカサゴケ・赤玉土（小粒）・岩石・砂利・横置きボトル・ハサミ・ピンセット・スプーン・霧吹き

……作り方……

1

ボトルの一番安定する面を下にする。奥から手前にかけて、緩やかな傾斜をつけるように赤玉土（小粒）を入れる。

2

ボトルの真ん中よりやや奥に、岩石を入れる。ボトルを軽く揺らしながら埋め込むと安定する。

3

一番奥に砂利を入れる。

4

コウヤノマンネングサをピンセットで植える。横からさすと斜めになるので、さしてから垂直に立たせる。砂利を配置する。

5

中央にホソバオキナゴケを植える。

作り方のポイント

横置きボトルは、奥から手前にかけて3分割して、図の①→②→③というように、奥からアレンジしていく。

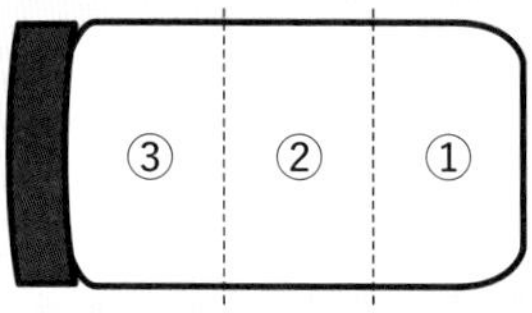

6

ホソバオキナゴケの周りに砂利を入れる。横、上両方からバランスを確認する。

7

ボトルの一番手前のエリアに、オオカサゴケを植える。

8

さらに石と砂利を配置して、コウヤノマンネングサ、オオカサゴケを入れる。

9

ボトルを傾けながら、全体に霧吹きでしっかり水を与える。

水中で育つ苔を使うタイプ

メダカの水槽に水草と苔を使う苔アクアリウム

水中で育つ苔を使って、苔アクアリウムを作ります。苔は石に巻きつけるだけなので簡単にできます。水が好きな苔の種類を知って、試してみてください。

用意するもの…ウィローモス・水草（マツモ）・赤玉土（小粒）・岩石・麦飯石・木綿糸・水槽・小さなカップ・ペットボトル・ハサミ・ピンセット・メダカ

……作り方……

1

赤玉土（小粒）をきれいに洗い汚れを取る。

2

洗った赤玉土（小粒）を水槽の6分の1ほど入れる。

3

赤玉土（小粒）の表面を覆うように麦飯石を入れる。

4

土がはねないように、小さなカップを入れ、そこにペットボトルに入れた水を入れる。

5

ボトルの口を指で押さえながら、少しずつ水を入れる。

6

水槽の4分の1ほど水が入ったら、上から水を注ぐ。

7

麦飯石の中にピンセットでマツモをさす。

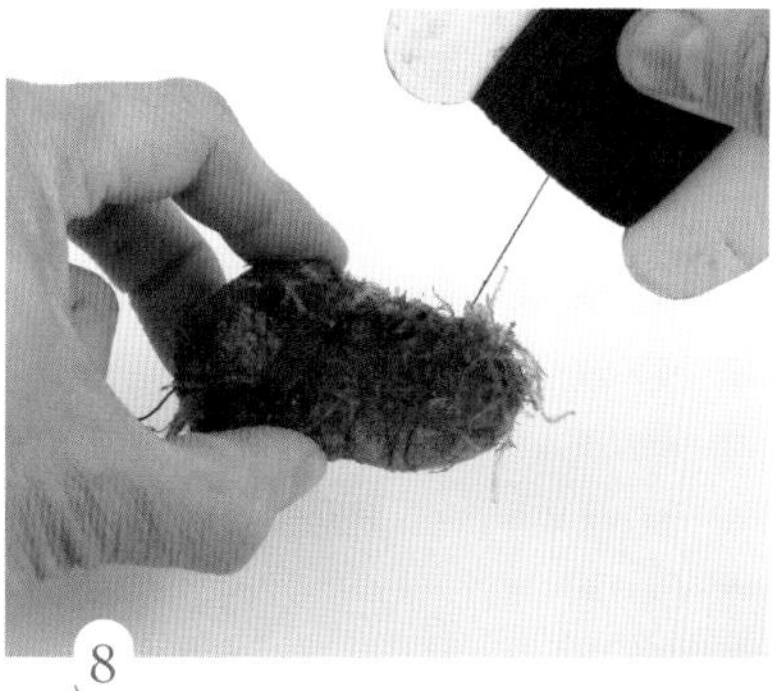

8

石にウィローモスをのせて、木綿糸で巻く。

9

ウィローモスをつけた石を入れる。

クローズドタイプ

苔玉も一緒に！
苔のパーティーボトル

苔玉と苔を組み合わせたテラリウムです。苔玉は石を芯にする土を使わないタイプ。苔玉やさまざまな苔を使って、楽しい苔のパーティーボトルを作りましょう。

用意するもの…トヤマシノブゴケ・ホソホウオウゴケ・ヒノキゴケ・コウヤノマンネングサ・オオカサゴケ・赤玉土（小粒）・岩石・砂利・木綿糸・口径が広いボトル（3L程度）・ハサミ・ピンセット・スプーン・霧吹き

……… 作り方 ………

1

ボトルに赤玉土（小粒）を入れる。苔玉を配置する場所は、高さがあるので土は少なめにする。

2

岩石を芯にした苔玉を配置する。苔玉の作り方は59ページ。

3

苔玉の横に、ホソホウオウゴケを土に密着するように入れる。

4

③の横にヒノキゴケをピンセットで挟んで、さす。

5

ボトルの側面に沿って、砂利を入れる。

6

全体のバランスを見ながら、コウヤノマンネングサ、オオカサゴケを植える。

7
霧吹きで全体にしっかり水を与え、ボトル内側の水を拭き取る。

………岩石を芯にする苔玉の作り方………

1
手頃な大きさの球に近い岩石に、覆いかぶせるようにトヤマシノブゴケを巻きつける。

2
木綿糸で苔の上から1周巻きつけて結ぶ。

3
丸くなるように、あまった苔をカットする。

4
十字を切るように、各5周ほど木綿糸をしっかり巻きつけながら、苔が丸くなるように整形する。整ったら固結びをする。

5
飛び出している苔をカットして、形を整える。

COLUMN

苔庭を造る

苔テラリウムはミニチュアの苔庭ですが、容器や置く場所によって、温湿度や日射など管理が簡単にできます。しかし、苔庭はそのように湿度や日差しを簡単に調節することはできません。筆者が苔庭造りの依頼を受けた時は、日差しに耐えられる種類や乾燥してもあまり見た目が変わらない種類などを選びます。

次に植える場所の環境調査をします。日差しが当たるか日陰になるか、雨の日に水が溜まりやすい場所などを把握して、環境を図にしてみます。環境を把握したところで、苔を選びます。日差しが強く乾燥しやすい場所にはエゾスナゴケ、日が当たる場所にはハイゴケ、木漏れ日で乾燥しやすい場所にはフデゴケを、日陰で風通しのよい場所にはシッポゴケやカモジゴケなどが適しています。池の周りや湿度の高い日陰にはコツボゴケやトヤマシノブゴケを。夏に高温になりやすい日陰にはホソバオキナゴケやアラハシラガゴケなどがよいです。湿度の高い涼しい明るい場所にはウマスギゴケがおすすめです。

苔の植え方は、雑草が生えないように、あらかじめ防草シートを敷き、黒土、赤玉土の小粒を厚めに敷きます。山野草などと一緒に植える場合はこの時に植えます。ユリやショウマなど冬に落葉する植物を植える時は、植えた場所には苔ではなく砂利を敷きます。

用意した苔を湿らせます。苔は、育苗ケースに植えられていることが多いです。仮根側を表にしてヘラですくい取ります。

植え終わったらたっぷりと水を与えます。2〜3回水を与えて苔の下にある赤玉土が完全に濡れるようにします。苔庭をきれいに造るには、苔同士の隙間がないように植えるのがコツです。隙間があると苔が風で飛んでしまうことも。雑草も生えてきます。

苔庭の手入れは雑草を見つけたら小さなうちにピンセットなどで根元から抜き取ります。苔が傷んだら少し大きめに取り、植え変えましょう。環境に馴染むまで半年から1年はかかります。その間に焼けたり、枯れたりすることがありますが、根気よくその場所に合った苔を見つけることが、苔庭完成への近道です。

神奈川県の個人宅の苔庭。都心に近い場所のため、暑さなどに耐えられる苔や山野草を選び植栽してある。癒やされる都会のオアシスができた。ガーデンデザイナーは、金井良一氏。

苔や山野草を植栽する前の状態。岩や花木、流木などが配置された庭。苔や山野草を植栽するため、表土に黒土、赤玉土を敷いてある。

はじめに、空いている別の育苗トレーを重ねて苔をひっくり返しておく。育苗トレーからヘラですくい、端から苔を返して並べる。軽く揺らしながら赤玉土に馴染ませ植える。ある程度の面積に植えたら、たっぷりと水を与える。

苔は栽培されたものを用意する。栽培場所は寒冷紗などで光が調整された環境のものではなく、なるべく直射日光下に近い環境で栽培されたものを選ぶ。

小川の中にある島なので、トヤマシノブゴケを植えた。

苔を植える前の小川の中にある島。

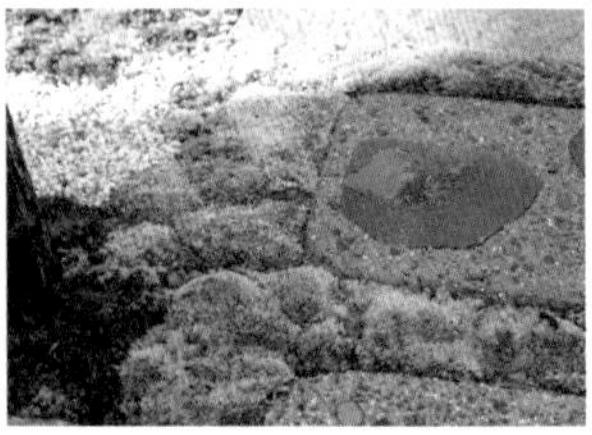

日陰になる飛び石の周りにはホソバオキナゴケを植えた。

水辺で日の当たる場所にはハイゴケを植えた。

小川の周りで湿度がある場所にはトヤマシノブゴケとシッポゴケを植えた。

Part 3

苔と植物の寄せ植え

THE NATURE NOTES OF
AN EDWARDIAN LADY
Edith Holden
Nature Diary

苔と植物で寄せ植えを楽しむ

パート3では、苔と山野草などの植物を組み合わせた寄せ植えを作ります。苔と植物の特性を知って、相性のよいものを寄せ植えすれば、テラリウムでなくても長く楽しむことができます。苔の小さな森の中に、可憐な山野草などを植えつければ、たったひとつの鉢植えだけで、四季を感じることができるでしょう。

山野草以外にも、人気の球根植物の寄せ植えにも挑戦します。こちらは、適宜球根を植え替える作業が必要ですが、芽出しの球根と苔を合わせてあげたり、もともと苔と相性のよいランの仲間を寄せ植えすれば、花も苔も両方楽しむことができます。

また、苔玉も植物と楽しめる植え方のひとつです。特に夏場暑がる高山植物や、水の好きな植物を使うと長持ちします。

秋に実るベリーなどを使うと、鮮やかな苔の緑色と合い、とても素敵です。

ジュエリーボックスで開閉自在
ヤクシマユキノシタと
苔の寄せ植え

雑貨屋などで手に入る開閉自在のジュエリーボックスを使って、山野草のヤクシマユキノシタと苔を寄せ植えします。管理は時々霧吹きで水を与え、直射日光が当たらないドレッサーなどに置くとよいでしょう。

Janet Marsh's
Nature
Diary
Silver-weed
Creeping C
Thyme-leaved

用意するもの…タマゴケ・オオカサゴケ・ヤクシマユキノシタ・赤玉土（小粒）・岩石・砂利・ジュエリーボックス・ハサミ・ピンセット・スプーン・霧吹き

……作り方……

1

容器の高さ3分の1程度まで赤玉土（小粒）を入れる。

2

形を整えたタマゴケを容器の奥に植える。

3

ヤクシマユキノシタは余分な土を落としてから、ピンセットで植える。

4

ヤクシマユキノシタは軽く揺らしながら、土に植え込む。スプーンなどで土を寄せる。ヤクシマユキノシタの側に岩石を入れる。

5

砂利をスプーンで入れる。

ユキノシタの仲間「ヤクシマユキノシタ」は、とても小さな種類。湿気が好きなので、苔との相性もよい。

丸い胞子がかわいいタマゴケ。早春に、丸いのが出てくる。扱いやすく、人気の苔。

6

オオカサゴケをピンセットで挟み砂利にさす。

7

霧吹きで全体にたっぷり水を与える。

＊容器は、水漏れするものもあります。植えつける前に、水漏れしないか確認しましょう。漏れる場合は、隙間を半田づけしたり、水漏れ防止のテープを貼るなどケアが必要なこともあります。

雪割草と苔の寄せ植え

小花が美しい雪割草と苔のシンプルな寄せ植え。苔との相性もよく、日陰で育てます。乾いたらたっぷりと水を与えましょう。

用意するもの…雪割草・ハイゴケ・赤玉土（中粒・小粒）・砂利・鉢・ハサミ・ピンセット・スプーン・霧吹き

……… 作り方 ………

1

鉢に赤玉土（中粒）を半分ほど入れ、雪割草を植えつける。花が咲いている時は根鉢を崩さないようにする。

2

ウオータースペースを1cm程度とって、赤玉土（小粒）を入れる。

3

ハイゴケを土の表面に植える。雪割草の根元だけは、水を浸透させるために苔を張らない。

4

雪割草の足元に砂利を入れる。

5

スプーンやヘラなどで、あふれている苔を整える。

6

苔と砂利の段差をなくすために、砂利を追加する。しっかり水を与える。

日本の雪割草の仲間

雪割草とはキンポウゲ科スハマソウ属の植物の総称名です。日本に6種、世界に12種、合計18種あります。北半球のヨーロッパや中央アジア、東アジア、アメリカ大陸に自生しています。その中で日本はスハマソウ属の南限にあたり大分県に自生地があります。

アシガラスハマソウ
Hepatica nobilis Schreb. var. japonica Nakai f. *candida* Ohno.

花弁数は6枚で白色。オシベは、紅色、ピンク色、白色。強い香りがある。葉は鏡面光沢があり、葉裏は赤いマダラ模様。神奈川県の箱根外輪山で2012年に筆者が発見・命名した新種。

スハマソウ
Hepatica nobilis Schreb. var. japonica Nakai f. *variegata* (Makino) Nakai.

花弁数は6枚で白色、または薄ピンク色。オシベは白色。時に香りがある。葉は半光沢で葉先が丸い。平地や低い丘の雑木林の縁に多い。太平洋側の房総半島と三浦半島の間に自生する。

ミスミソウ
Hepatica nobilis Schreb. var. japonica Nakai f. *japonica* (Nakai) Yonek.

花弁数は9～18枚と多い。花弁は白色、ピンク色、クリーム色の他、黄色があり珍重される。葉は葉先が三角に尖るものが多い。九州から関東地方、東北信越地方まで自生する。

ザオウスハマソウ
Hepatica nobilis Schreb. var. japonica Nakai f. *zaoensis* Ohno&S.Tsuru.

花弁数は6枚で白色。オシベは、紅色、ピンク色、白色。葉は大きく表面にマーブル模様がある。葉の表面、裏面、葉柄、花茎に毛が多い。宮城県蔵王山系で2016年に筆者と友人で発見し命名した新種。

ケスハマソウ
Hepatica nobilis Schreb. var. pubescens (M.Hiroe) Kitam.

花弁数は6～9枚。花弁は白色、ピンク色、紅色がある。花模様にきれいな覆輪がある。葉は大きく葉先は鈍角に尖る。日本のスハマソウ属で唯一4倍体。中部以南に自生する。

オオミスミソウ
Hepatica nobilis Schreb. var. japonica Nakai f. *magna* (M.Hiroe) Kitam.

花弁数は6～9枚。花弁は紅色、紫色、白色、緑色と色々な色があり花のスタイルも八重咲きなどがある。葉は尖ったり丸かったりとさまざま。日本海側の風通しのよい林に自生する。

手を汚さずに作る チェッカーベリーの苔玉

苔玉とチェッカーベリーの苔玉です。苔玉は保存袋を使うことで、比較的手を汚さずに作ることができます。真っ赤な実がかわいいチェッカーベリーを合わせます。

用意するもの…チェッカーベリー・トヤマシノブゴケ・赤玉土（小粒）・ケト土・保存袋・木綿糸・ハサミ・霧吹き

……作り方……

1

ケト土と赤玉土（小粒）をそれぞれ一握りと水を保存袋に入れ、よく混ぜ合わせる。

2

チェッカーベリーの根を崩さないように保存袋に入れて、おにぎりを結ぶようにして、土を表面につける。

3

広げておいたトヤマシノブゴケの仮根側にチェッカーベリーをのせる。

4

苔で包み込む。

5

木綿糸で球体の周りを固定する。縦横十字にしっかりと巻きつける。

6

手で形を整えてから、飛び出した苔をカットする。水をたっぷり与える。

球根と苔の寄せ植え

球根植物と苔を寄せ植えした作品です。球根植物は、球根の状態、あるいは芽が出た状態の２パタンをご紹介します。球根は植えたままで、翌年にまた花を見ることができます。

芽出し球根の植えつけ

用意するもの…球根（ムスカリ）・トヤマシノブゴケ・赤玉土（小粒）・鉢・ネット・ハサミ・スプーン・ヘラ・霧吹き

……作り方……

1

ネットを入れて、鉢の半分程度まで赤玉土（小粒）を入れる。

2

芽が出たムスカリをポットから外す。根を傷つけないように土を少し落として植えつける。

3

球根部分が隠れる所まで土を入れる。

4

トヤマシノブゴケを表面全体に植えつける。

5

あふれた苔をヘラで鉢に入れて整える。水をたっぷり与える。

球根の植えつけ

用意するもの…球根（クロッカス）・ホソバオキナゴケ・赤玉土（小粒）・砂利・ネット・ハサミ・ピンセット・スプーン・霧吹き

……作り方……

1
ネットを入れて、鉢の半分程度まで赤玉土（小粒）を入れる。

2
クロッカス球根を入れる。球根の向きに気をつける。

3
球根は苔を突き抜けてこられないので、芽が出る所以外に苔を植える。

4
芽が出る部分には砂利を敷いて、最後にたっぷり水を与える。

レターボックスで
ランのハンギング

ワイヤー雑貨のレターボックスでランのハンギングを作ります。根元を苔で包むことで、ハンギングや壁掛けのアレンジも可能です。ランはデンドロビウムやミニカトレアなど、着生ランならばOKです。

用意するもの…トヤマシノブゴケ・ミニカトレア・ワイヤーのレターボックス・ピンセット・ハサミ・霧吹き

作り方

1

トヤマシノブゴケを仮根側を上にして広げる。

2

ポットから抜いたミニカトレアをセンターに置く。

3

根鉢を崩さないようにワイヤーのレターボックスにゆっくりと入れる。

4

隙間に苔をピンセットで追加していく。

5

霧吹きでしっかり水を与える。

苔と山野草、球根植物のプレート

テラスの植物たちと一緒に、苔の丘を置いてみませんか。ヒナソウや球根植物など、好きな花を寄せ植えします。旅先でヨーロッパの園芸家たちが、こんなふうに苔を楽しんでいるのを見かけたことがあります。

用意するもの…ホソバオキナゴケ・タマゴケ・ヒナソウ・ムスカリ・赤玉土（小粒）・プレート・ハサミ・ピンセット・霧吹き

……作り方……

1

プレートに赤玉土（小粒）を入れる。植物を配置する部分は少しくぼませておく。

2

くぼみに植物を植えつける。ヒナソウは蕾が上がっている時期は、根を崩さない。ムスカリは崩してもよい。

3

ムスカリの周りに土を入れる。

4

ヒナソウの株元をホソバオキナゴケで覆う。

5

タマゴケを植えつけたら、水をたっぷり与える。

保存容器で作る苔の森

さまざまな苔の寄せ植えを作ります。3段に重ねられる保存容器を使って、バリエーションを楽しみましょう。

コツボゴケと ホソホウオウゴケと珊瑚砂

用意するもの…コツボゴケ・ホソホウオウゴケ・珊瑚砂・赤玉土（小粒）・保存容器・ハサミ・ピンセット・スプーン・霧吹き

………作り方………

1

容器に赤玉土（小粒）を入れる。珊瑚砂を入れる部分は傾斜をつけておく。

2

容器のサイズに合わせてコツボゴケを切り取り入れる。

3

ホソホウオウゴケを入れる。

4

コツボゴケを挟むように、もう1ヵ所ホソホウオウゴケを入れる。

5

苔に珊瑚砂がかからないように、容器の側面に沿って、残りのスペースを埋めるように珊瑚砂を流し込んでいく。

6

霧吹きで水をたっぷり与える。

砂の道と苔のアレンジ

用意するもの…ネズミノオゴケ・コウヤノマンネングサ・赤玉土（小粒）・麦飯石・保存容器・ハサミ・ピンセット・スプーン・霧吹き

……作り方……

1

ネズミノオゴケを整える。仮根（茶色い部分）が長い場合はカットする。

2

容器に赤玉土（小粒）を入れて、整えた苔を２ヵ所配置する。

3

中央に麦飯石を入れる。遠近感を出すテクニックとして、手前の麦飯石は細かいもの、奥はやや大きいものを入れる。

4

コウヤノマンネングサをバランスを見てさしていく。

5

最後にたっぷり水を与える。

5種類の苔の森

用意するもの…シッポゴケ・オオカサゴケ・ハイゴケ・コウヤノマンネングサ・ヒノキゴケ・赤玉土・砂利・岩石・保存容器・ハサミ・ピンセット・スプーン・霧吹き

………作り方①………

1

容器に赤玉土（小粒）を傾斜をつけて入れる。

2

傾斜をつけた下の方から、シッポゴケを配置していく。数本ずつピンセットでさし込む。

3

シッポゴケのとなりのスペースに砂利を敷く。

4

砂利部分にオオカサゴケをさし込む。

5

②で入れたシッポゴケの奥に岩石を置く。

……… 作り方② ………

6

シッポゴケの手前に、固定するイメージで器の側面に沿って砂利を入れていく。

7

オオカサゴケの奥、シッポゴケの後ろの石よりも上、段違いになるように石を入れる。

8

シッポゴケの後ろにハイゴケを入れる。

9

ハイゴケの奥にコウヤノマンネングサを入れる。

10

⑨のコウヤノマンネングサのとなり、オオカサゴケの後ろにヒノキゴケを入れる。

11

全体のバランスを整えて、水をたっぷり与える。

苔と石で手軽にディスプレイ
癒し玉

石に苔を貼る、たった10秒でできる苔のアレンジ。このページの写真は、ゴブレットに42ページの苔と球根の寄せ植えをして、そのまわりに並べてみました。石に苔を貼っただけですが、組み合わせる小物次第で、色々な表情を見せてくれます。私は「癒し玉」と呼んでいます。

用意するもの…シシゴケ・石・接着剤・ハサミ・霧吹き

……作り方……

1
シシゴケを湿らせる。仮根側に接着剤を塗る。

2
接着剤を塗った苔を石に貼りつける。苔は乾燥に強いものの方が、管理しやすく長持ちする。

苔と寄せ植えしやすい

植物図鑑

比較的湿った場所が好きな苔と相性がよい植物をご紹介します。植物の特徴を知って、葉・花・実を楽しみましょう。

葉を楽しむ植物
花を楽しむ植物
球根植物
実を楽しむ植物

ヤクシマユキノシタ

Saxifraga stolonifera

屋久島で見つかった非常に葉の小さな種類。葉が小さいため、ボトルなど容器に入れ栽培できる。ランナーが出たら切り取り、葉が大きくなったら間引き新葉を展開させ、小さなスタイルを保つようにする。水枯れに弱いため、湿度を保って栽培する。コツボゴケ、オオカサゴケ、タマゴケなどと相性がよい。

ヒメトクサ

Equisetum variegatum

トクサ科の植物。葉が細くコンパクトな種類。北海道、シベリアなどの北半球に自生する。非常に水が好きで、丼や器に水を張った中に半分くらい浸けて栽培できる。トヤマシノブゴケとヒメトクサを使って作った苔玉は水に浸けて栽培できるため、夏に非常に風情がある。寒い地域では落葉する。日向での栽培に適している。

トキワシノブ

Humata tyermanii

台湾産のシダ科の植物で常緑種。日陰でも日向でも育つ。葉や茎がきれいなため人気がある。苔テラリウムでは蓋をするタイプではなく、蓋がないタイプや、覆いのないデザインに適している。常に湿った状態を嫌うため、乾いたら水を与えるようにする。タマゴケ、ヒノキゴケ、ホソバオキナゴケと相性がよい。

ウラハグサ

Hakonechloa macra

葉の裏が表に出るのが特徴的な日本固有種のイネ科の植物。わずかな風でも揺れることから風知草とも呼ばれる。葉に縞模様の入った斑入りや黄金葉のものもある。見た目が涼しげなため、夏向きの苔玉や、他の山野草と合わせるとよい。冬は地上部が枯れるため刈り込む。乾燥には弱く、すぐに葉がチリチリになるため水盤に水を張って置くとよい。

トウゲシバ

Lycopodium serratum

日陰の林の縁の腐葉土に自生する。常緑でカサカサした葉をブラシ状につける。株元で枝分かれし増えるが、成長は遅い。蓋のあるガラス容器で栽培でき、室内の明るい場所で楽しむことができる。水分が多いと根元が傷みやすいため気をつける。ホソバオキナゴケやシッポゴケ、タマゴケと相性がよい。

ヒナソウ

Houstonia caerulea

北アメリカの明るい林の縁に自生するアカネ科の植物。春先から6月まで、空色、白色のクロスの形の花を次々に咲かせる。葉が小さく花茎がスッと立つ繊細な姿は人気がある。株元の蒸れに弱いため、溶岩などに植えるか、お皿に用土を盛り高植えにする。花柄や傷んだ箇所は切り取る。日差しを好む植物。

オオミスミソウ

Hepatica nobilis var. japonica f. magna

可憐な花を春に咲かせるキンポウゲ科の植物。花色や花の形が色々あり並べて鑑賞しても楽しい。葉は1年に1回、春に出て常緑。花後の艶のある葉を鑑賞しても美しい。軽石などを彫った器や小さなテラコッタなどに、水はけのよい硬質赤玉土や硬質鹿沼土で植える。4月の終わりから10月末までは直射日光を避ける。

ダイモンジソウ
Saxifraga fortunei var. alpina

ユキノシタ科の植物で秋に漢字の大の字に似た花を咲かせる。ピンク色や紅色、白色、黄緑色などがあり、八重咲きもある。中でも紅色の個体と緑色の苔とのコントラストは素敵。トヤマシノブゴケを使った苔玉は相性がよい。直射日光と乾燥に非常に弱いため、日陰で水を多めに与えて栽培する。

アリアケスミレ
Viola betonicfolia var. albescens

日本の里山に自生するスミレの仲間。キスミレなどの高山系の種類以外なら苔テラリウムに使うことができる。こぼれ種でよく増えるが、他の植物の成長を阻害するため気をつける。また、スミレは１種類ずつ植えた方が長生きする。トヤマシノブゴケやホソバオキナゴケなどと相性がよく半日陰で栽培する。

クリオネミミカキグサ
Utricularia warburgii

中国南西部に自生するタヌキモ科の食虫植物。形がハダカカメガイ科のクリオネに似ていることからクリオネミミカキグサと呼ばれている。南アフリカに自生するウサギゴケも同じ仲間。水の好きな苔と相性がよく、ガラスの器に小粒の赤玉土を入れ植えつけ、周りに苔を植え、水を張り栽培する。

イワタバコ
Conandron ramondioides

湿った日陰に面した岩肌にへばりつくように生える植物。６月頃、かわいい星形の花を沢山咲かせる。紫色の他に、白色、ピンク色がある。溶岩に植えつけるか、穴のない器に高植えにし、周りを苔で覆うとよい。水枯れと直射日光に非常に弱いため、日陰で栽培する。冬季は葉を落として休眠する。

クロッカス
Crocus

春に細く長い葉の中心から、紫色、黄色、白色などの花を咲かせるアヤメ科の植物。イタリアなどのヨーロッパ南部、地中海沿岸などに自生し高山にも生える。初夏に落葉し休眠する。苔テラリウムで球根植物を植える時は球根の芽が出る部分には苔を張らないで小石を敷き詰め、明るい場所で栽培する。

アヤメ
Iris sanguinea

初夏に咲くアヤメ科の植物。同じ仲間に、水辺を好むノハナショウブ、カキツバタがある。鉢などでの栽培にはアヤメ、苔玉や丼に水を張り、浸けて栽培するにはノハナショウブ、カキツバタがよい。初夏を代表する山野草として好まれる。風通しのよい、日向で栽培するときれいに開花する。

ムスカリ
Muscari

春に房状に小さな釣鐘形の花を咲かせるキジカクシ（ユリ）科の植物。紫色、空色、ピンク色、白色、黄色がある。夏季に落葉し休眠する。テラコッタなどに植えっぱなしで栽培できるが、秋に新葉が長く伸びてしまう。苔テラリウムでは芽出し球根を好きなテラコッタやお皿に高植えにして楽しむとよい。

ミニカトレア
Cattleya Mini Cattleya

原種のカトレアは岩や木に着生するラン。中南米原産。カトレアと近縁種との交配によって小型化した。ミニカトレアは比較的寒さには強く、室内でプラスの温度ならば冬越しできる。植えた苔が乾いたら、たっぷりと水を与える。直射日光を避け明るい場所で管理する。

ツルコケモモ
Vaccinium oxycoccos

夏に薄いピンク色で、そっくり返った花をつけ、秋に真っ赤な赤い実をつけるツツジ科の植物。クランベリーの名前の方が知られている。世界に4種類あり日本には3種類が自生する。酸性土を好み、生きたミズゴケに埋もれるように植え、水に浸けながら栽培することもできる。日向で栽培すると秋の紅葉もきれい。

ジャノヒゲ
Ophiopogon japonicus

キジカクシ（ユリ）科の植物。初夏に薄紫色、または白色の小さな星形の花を咲かせる。冬季にきれいな瑠璃色の小さな果実を鈴なりにつける。日陰で栽培でき、色々な苔と合わせて使うことができる。根の水没にも強く、グラスに小粒の赤玉土で植え、ハイゴケやトヤマシノブゴケと合わせても良い。

チェッカーベリー
Gaultheria procumbens

北アメリカに自生するシラタマノキの仲間。初夏にブルーベリーに似た、釣鐘状の花を沢山咲かせる。冬季に大粒の真っ赤な実を房なりにつけ、春まで楽しめる。日陰でも栽培でき、他の同種の植物より暑さに強い。水枯れに弱いため、乾かさないように気をつける。苔玉やグラスに高植えにするとよい。

ヤブコウジ
Ardisia japonica

初夏に葉の下に小さな星形の花をつけかわいい。冬季には真っ赤な実や真っ白な実を付けるサクラソウ（ヤブコウジ）科の植物。葉の形の違うものや斑入りがある。日陰で栽培でき、通年室内でも栽培できる。苔玉やグラスでの栽培の他、ガラス製のライスストッカーで蓋を閉めたままでの栽培もできる。

Part
4

フィールドで苔を観察する

苔を観察できる場所

家の庭先や街の公園、通勤途中の道の脇など、苔は身の回りに沢山生えています。

普段気づかずに歩いていても、雨の日などは苔が水分を含みきれいな緑色になっているため見つけやすいです。どこでもちょっとの時間があれば観察できます。

もちろん、図鑑で見たい種類を決めて、山に行き目当ての苔を観察することもできます。これらの苔は種類によって観察できる場所が違います。

都心の道路脇のアスファルトに生えているギンゴケやネジクチゴケ、ハリガネゴケ、苔玉作りに使うトヤマシノブゴケやハイゴケは少し郊外の山裾の標高500m前後に多く、苔テラリウムで人気があるタマゴケやオオカサゴケはもう少し山中の700m前後に。シッポゴケやウマスギゴケなどは標高1200m近くに自生しています。形や色が独特なシモフリゴケやダチョウゴケは2000m近くの高山で見られます。

身近にある苔の種類や、図鑑に載っていた興味のある苔を観察しましょう。はじめに地図やウェブサイトで観察したい苔の生えている標高の山を調べます。山での苔観察は、雪解けから梅雨前までか、紅葉の季節がおすすめです。

梅雨明け後、気温が高くなると山ではブユやアブ、スズメバチなどが飛び、刺されたり噛まれると危険です。ハチなどは騒がず飛び去るのを待ったり、ブユやアブはミントやハッカの匂いを嫌うため、清涼感が出るミントスプレーなどを洋服にかけて対処します。地際にはムカデ、ヒル、ヤマカガシやマムシなどのヘビがいます。ヒルは少しでも皮膚が出ていると吸われるため、ズボンの裾は靴下の中に入れるなどして対処します。これらの生き物が沢山いるため気をつけて観察をします。

また、秋になるとクマがいる場所では冬眠前の食料を求めるクマが、時折出没します。特に夕方近くに多く活動します。黒いモノが動いているのを見つけたら、刺激をせず、すぐにその場から離れましょう。

観察に適した服装は、長袖のシャツ、長ズボン、ハイソックス、長靴か登山靴。ク

筆者自宅の作業机。現地情報を調べたり、調査後には苔の同定なども行う。図鑑や観察ノートの奥には、苔テラリウムが置かれている。

スマートフォンで接写撮影して拡大すれば、細部までよくわかる。

マ避け用にベルをぶら下げます。

　持ち物は飲み物、スマートフォン、タオル、レインコート。天気の急変などで、山で立ち往生した時に食べるチョコレートや飴、予備バッテリーを持って行きましょう。

　以前は苔観察はルーペを使いましたが、今はスマートフォンが観察に便利です。スマートフォンで接写撮影し、さらに指で画面拡大すると細部までわかります。接写撮影だけして、後で画像を見て調べることもできます。また、スマートフォンはGPSとして山での位置情報を知る道具としても使えます。

　緑色で美しい苔を観察するには観察地の天気を調べるのも忘れずに。苔は雨が降って湿らないと美しい苔にはなりません。晴れの日が続いていると、カサカサの苔を観察することになります。できれば苔観察は雨の降った翌日がよいです。苔がたっぷり水分を含み、緑に輝いています。

　雨の後の山道は乾いていないため、滑りやすく、ぬかるんでいたりします。早く観察したいのもわかりますが、ゆっくり歩いて行きましょう。

苔が生息する標高

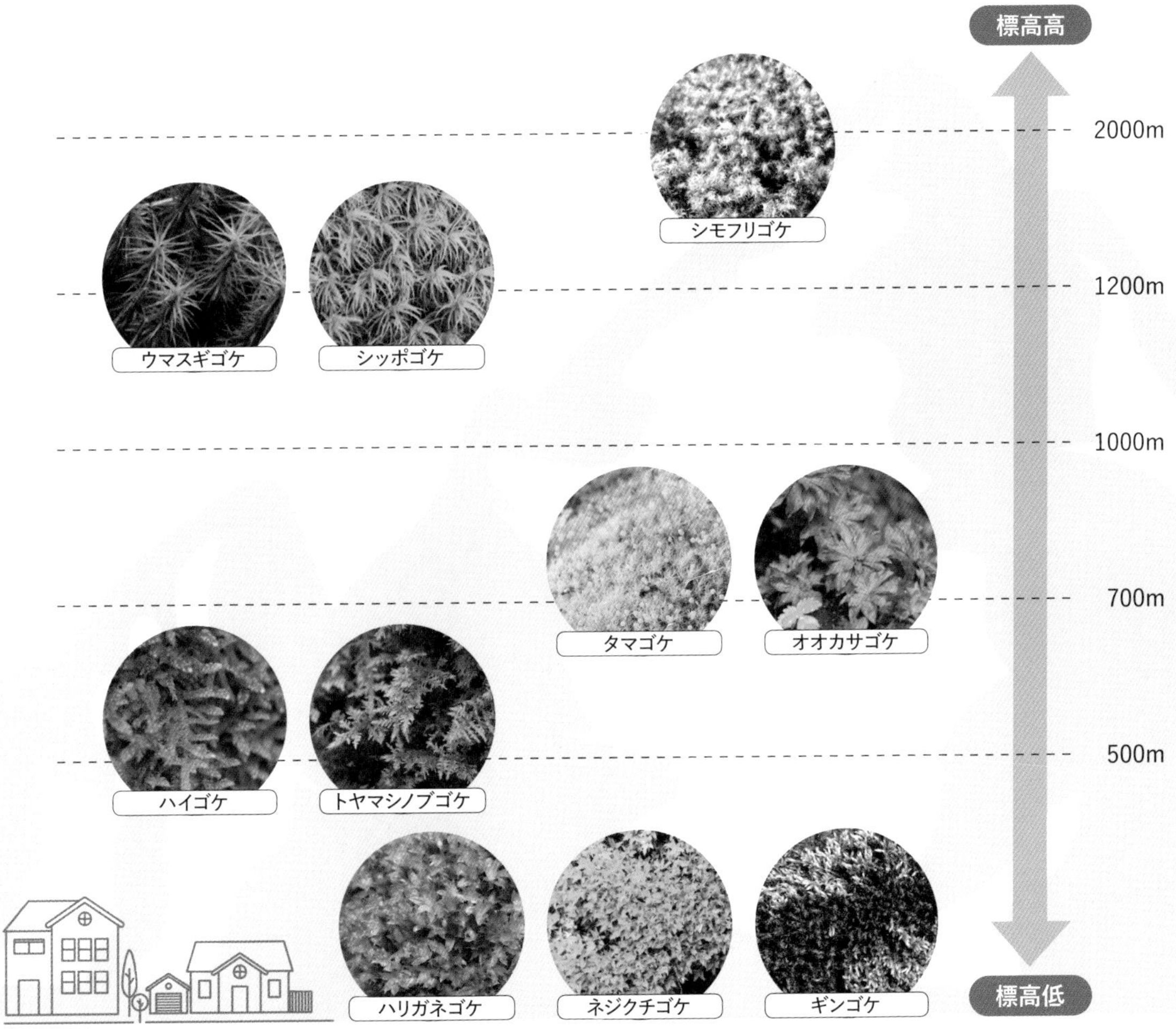

観光地で苔観察

苔は自然の中だけでなく、人でにぎわう場所にも生えています。有名な観光地にも苔の観察スポットは沢山あります。旅先で苔観察も楽しんでみてはいかがでしょうか。日本だけでなく海外の苔もご紹介します。

京都

西日本に位置し、夏暑く冬寒い盆地です。千本鳥居で有名な伏見稲荷大社や、竹林が美しい嵐山など魅力的な場所が沢山あります。それぞれのお寺を訪ねてみると、お寺ごとにさまざまな苔のある庭が見られます。普段、渓流や深山に行かなければなかなか見ることのできないタマゴケも、お寺に行く参道にあり驚きます。

東山区にある東福寺には1939年重森三玲によって、東に北斗七星の庭、南に苔の築山で五山を表す蓬莱神仙思想の庭、西に井田市松の庭、北に小市松模様の庭の本坊庭園が造られました。この北に位置する小市松模様の庭は切石とウマスギゴケが規則正しく配置され非常に美しいものです。規則正しい配列はだんだんと切石が少なくなり、最後は州浜の形に切石がなくなっていきます。とくに雨の後は苔の緑が鮮やかに、また濡れた切石が白く、いっそう市松模様のコントラストが艶やかになります。

東福寺と同じ東山区にある泉涌寺《せんにゅうじ》には、明治17年に両陛下や皇族方の御休憩所として造られた御座所庭園があります。縁側から池のある庭園が一望でき、沢山のモミジやツツジが一面に広がる色々な苔のグラデーションと対照的に映えとてもきれいです。高台寺は豊臣秀吉所縁のお寺です。寺内には小堀遠州作の池泉回遊式庭園があります。11石の石組みの庭、湖月庵前庭、枯山水式の遺芳庵前庭、雲居庵前庭「竹風庭」、枯山水式の方丈南庭「波心庭」があり、砂紋、白砂からなっています。春には西の州浜に植えてあるシダレザクラが咲き、彩りを加えます。白砂の周りの洲浜にはホソバオキナゴケが植えられています。

嵯峨野にある野宮神社は縁結びの神様として女性に人気があります。本殿の右奥に

銀閣寺の苔庭。木漏れ日の差す庭にはハイゴケとウマスギゴケが植えられ、なだらかな斜面を覆うように広がっている。

常寂光寺の階段。両脇の斜面はタマゴケやヒノキゴケに覆われ、とてもきれいになっている。紅葉の季節にはモミジの赤色と苔の緑色とが合わさり、いっそう美しい空間になる。

南禅寺の庭にある溜まり石。ハイゴケが生え時の流れを感じさせる。ハイゴケは水を嫌う苔だが、石に生えると停滞水がないため枯れずに成長する。

安楽寺の苔庭。ツバキが沢山あることで有名なお寺。苔庭も美しく、ツバキが咲く時期、緑色の絨毯の上に落ちたヤブツバキと苔の調和がなんともいえない。

行くと苔の絨毯が広がり、その中に苔むした白い小さな石橋があります。青紅葉の季節にも秋の紅葉の季節にも素敵な場所です。嵐山の竹林を抜けた先の小倉山の中腹には常寂光寺があります。お寺は斜面にあり、周りにはモミジが２００本ほど植えられていて、秋には真っ赤に染まります。頂上近くには重要文化財の多宝塔があり、その周りにはアラハシラガゴケやツツジ科のイワナシが生えています。苔むした石の階段を歩き頂上まで行けます。階段の周りにはタマゴケやヒノキゴケなどの苔の海が広がり、日が差し込むと葉先がキラキラ輝いて見えます。また季節によって御住職が植えて育てている、色々な変わった山野草の花を観察できます。

　近くには周りを緑鮮やかな竹林に囲まれている祇王寺があります。寺内には沢山のモミジが植えられ、細い小川が流れています。この小川のほとりには緑色のオオスギゴケ、その周りには黄緑色のヒノキゴケが一面に広がります。回廊の途中には祇王寺に生えている苔の展示もあります。その先には草庵があり、周りには透き通る緑色のコツボゴケが瑞々しい姿を見せてくれます。静かな時の流れの中、ゆっくりと苔を楽しむことのできるお庭です。この他にも京都には苔を観察できる魅力的なお寺や神社が沢山あります。自分だけの特別な場所を見つけて歩いてみてはいかがでしょうか。

沖縄

珊瑚礁が隆起してできた島。暖かくゆっくり時間が流れている。街を歩けばどこからともなく琉球民謡が聞こえてくる沖縄。マリンスポーツやサンゴ、海の熱帯魚が人気ですが、沖縄には、ヤンバルの森もあります。沖縄は南部と北部で全く違う生態系です。南部はあまり苔が生えている場所がありません。南部は梅雨以外は空気が乾いているため、またアルカリ性の石灰岩が地表にあるためです。しかし、地下水が湧き出すような所には苔がきれいに生えています。

南城市にある日本最南端の全国名水百選に選ばれている垣花樋川（かきのはなひーじゃー）には、透き通った冷たい水があふれ湧き、その周りの岩肌には沢山の苔が生えています。小さな駐車場から樹齢１００年以上の樹々が生い茂る森を10分ほど歩くと着きます。ぱっと開けた空間に出ると、滝をサラサラと流れ落ちる水の心地よい音が聞こえてきます。

垣花樋川（かきのはなひーじゃー）の湧水の滝に生える苔。清らかな水から時折顔を出す。

八重岳に行く途中の岩肌に生えている苔。雨雫が蒴につきキラキラと輝いている。

北部にはヤンバルクイナやイシカワガエルが生息しているヤンバルの森があります。ヤンバルの森は南部とは違い、湿度が高く霧に包まれていて森には背の高いヒカゲヘゴやクワズイモがあり、いかにもジャングルといった感じです。いくつもの林道があり、林道脇でもすぐに苔が生えています。沖縄にしかない、ジャバシラガゴケやジャバホウオウゴケなどが観察できます。北部には沖縄本島で二番目に高い標高４５３・４ｍの八重岳があり、花びらが開いて咲くリュウキュウカンヒザクラが1月初旬から観察できます。

沖縄固有種のジャバシラガゴケ。シラガゴケ科では最大級。波打つ白い葉が美しい。

沖縄固有種のピンク色のリュウキュウカンヒザクラ。カンヒザクラと違い花弁が開き切る。

軽井沢

軽井沢は長野県と群馬県の北軽井沢一帯を示し、標高1000m近い高原のため夏は涼しく、首都圏から近い避暑地として昔から親しまれています。軽井沢町はカラマツ林や旧軽井沢などをレンタルサイクルで回ったり、軽井沢銀座と呼ばれる町の商店街をぶらぶら歩くのも楽しいです。その周りには昔からある沢山の広い別荘地があります。浅間山の噴火で降り積もった溶岩を使って造られた別荘の石垣の塀にはコツボゴケやビロードシダが着生しています。

その周りのブナやアカマツなどの林の下にはウマスギゴケの緑の絨毯が広がっており、絨毯の中にはミヤマモジズリやイワカガミが生えています。

町から少し車で走ると白糸の滝があります。白糸の滝の周りは夏でも霧と冷気に包まれていてひんやりします。川の水は手がかじかむほど冷たい雪解け水が、こんこんと岩肌から湧き出し、まるで幾つもの白糸を流しているような姿は繊細です。白糸の滝の周りにはきれいで冷たい水を好むクロカワゴケやホソバミズゼニゴケが水中や滝の流れている岩に生えています。また、白糸の滝に行く途中の遊歩道には水がポタポタと染み出す岩の壁面があり、その岩肌一面にホソバミズゼニゴケやホソホウオウゴケが、緑色の壁のように生えています。夏にはその周りの足元にピンク色のツリフネソウや黄色のキツリフネが咲き、目を楽しませてくれます。白糸の滝の周りにも散策できる小道があり、緑の息吹を感じながら苔観察をすることができます。

旧軽井沢の別荘地。浅間山の溶岩を使った石垣。コツボゴケなどと一緒にビロードシダやノキシノブが生える。道路を歩きながら、ゆっくりと観察できる。

右）北軽井沢に続く道の途中にある白糸の滝。白糸の滝から流れ出た水が集まり、沢となる。
左）滝の周りの水がかかる岩肌にはホソバミズゼニゴケがびっしりと生える。

北八ヶ岳

蓼科高原から続くメルヘン街道を車で登って行くと白駒の池があります。標高2115mにあり、この高さにある自然にできた湖では最大級です。白駒の池は北八ヶ岳の亜高山帯にありコメツガやシラビソ、ダケカンバ、ナナカマドなどが生えています。その森には約450種類の苔が生え、八ヶ岳にしかないチョウチンゴケの仲間のムツデチョウチンゴケなどもあり、苔の聖地と呼ばれています。苔ガールにも非常に人気があるスポットです。

苔の森の奥にある白駒の池。水面は穏やかで水鏡になり、対岸の深緑の森が映る。湖の周りにはツツジ科のサラサドウダンが生え、かわいい釣鐘状の花を咲かせる。

湖までは駐車場から歩いて15分ほどで行けますが、苔や山野草の観察をしたり写真撮影しているとあっという間に1時間経ってしまうほど魅力たっぷりの森です。ウマスギゴケの中には野生ランのアオチドリが、また、周りの岩の表面には乾燥していると黒い色のクロゴケが生えています。コメツガの周りにはコウヤノマンネングサより枝分かれが細かく繊細な仲間のフジノマンネングサの群落がミニチュアのヤシ林のように広がっていたり、胞子嚢の形が丸くツルツルで青リンゴのようなタマゴケの大きなコロニーがあったりと、なかなか先へ進めません。倒木株の陰には葉に毛が生えているケチョウチンゴケもあり、色々な種類の苔を観察できます。

湖の辺りにたどり着くと周りにはツツジ科のサラサドウダンの古木が沢山生えています。初夏にはかわいいベル状の花形にオレンジ色のストライプ模様が入った花を鈴

コメツガやシラビソの森に沈む夕日。苔の森も日暮れが近づくと、気温が急に下がり1日が終わる。苔は夜気温が下がる場所の方が成長がよく、またきれいな状態が保たれやすい。

なりに咲かせます。10月初めには葉が朱赤に紅葉し、とてもきれいです。沢山の種類の苔と高山植物を身近に観察できる素敵な場所です。

左）珍しいムツデチョウチンゴケ。
右上）ハナガサゴケと一緒にキノコが生える。
右下）切り株に生えたミヤマチリメンゴケ。
湿度の高い森の中では色々な苔が生える。葉の形や色、蒴の形状で見分ける。

四万温泉

群馬県の奥座敷として知られている四万温泉。泉質がアルカリ性のため、強酸性泉の草津温泉の帰りに寄るとよい、といわれています。１２００年の歴史がある四万温泉の温泉街は、ノスタルジックな大人の雰囲気が漂うレトロな街並みです。

温泉の側には四万川を堰き止めて作った奥四万湖があります。透明度が高く、晴れた日には湖面がコバルトブルーに輝き「四万ブルー」と呼ばれています。湖畔の周りは1周約4㎞の一方通行の道路があり、車で周遊できます。道沿いの林には色鮮やかなオレンジ色のフシグロセンノウや薄紫色のベルが沢山ぶら下がったように見えるソバナ、葉っぱの形がハートでかわいく、紅葉が真っ黄色できれいなヒロハノカツラなどを観察できます。道路脇の岩から、水の染み出す場所がいくつもありホソバミズゼニゴケやジャゴケなどが生え、周りではツマグロキチョウが集まって吸水するのを見られるかもしれません。四万温泉はチョウの種類も多くサカハチョウやミスジチョウ、アサギマダラなどもいます。

奥四万湖を周遊できる道路の斜面には岩からポタポタと水が染み出る場所がある。水で濡れた岩肌にはホソバミズゼニゴケが生えている。

四万温泉の奥にある奥四万湖。湖の色は独特で日により青く染まる。その美しさから四万ブルーと呼ばれている。

箱根外輪山

箱根外輪山とは箱根の周りにある山々で矢倉岳や明神ヶ岳、足柄山などがあります。その中のひとつ、明神ヶ岳にある大雄山最乗寺は天狗伝説でも有名な場所です。大雄山最乗寺まで続く山道には600年という歴史を感じさせる杉並木があり、道沿いにあるスギの樹皮にはホソバオキナゴケやコバノチョウチンゴケが生えています。寺内に入ると、鬱蒼とした木々に囲まれた幽玄な空間が広がっています。この大雄山最乗寺は、創建に貢献した道了という僧が、寺を永久に守るために、天狗の姿に化身して高く舞い上がり山中深くに身を隠したと伝えられることから、町民からは道了尊とも呼ばれ親しまれています。境内には天狗の像や高下駄が沢山飾ってあります。参道を進んでいくと右手に洗心の滝が見えてきます。滝の周りの岩にはコツボゴケがコロニーを作り、その中からトウゲシバが生え、苔テラリウムを作る時のお手本のようです。この大雄山最乗寺で一番見たい苔は、金剛水堂近くのツツジの枝に絡むように生えているキヨスミイトゴケです。一見緑色のクモの巣のように見えますが、ハイヒモゴケ科の苔です。図鑑には載っていますが、あまり見る機会がありません。

箱根外輪山にある大雄山最乗寺の境内は高いスギの木に囲まれ常に湿度が高い。石の手すりにはハイゴケが生えている。ツツジの幹にはキヨスミイトゴケが生えている。岩などにはコツボゴケが覆うように広がっている。

境内の木漏れ日が差す場所にはユキノシタが生えている。初夏に白い可憐な花を沢山つける。

上）金時山の側にある夕日の滝。自由に入ることができる滝として人気がある。夏でも水飛沫が滝の周りの岩を濡らし苔にとってよい環境になっている。下）水滴をまとった蒴をつけたハイゴケ。

キヨスミイトゴケを見たら350段の階段を登り奥の院へ。最上段からは明神ヶ岳に続く山道があります。山道の途中にはズソウカンアオイやササリンドウが生えています。また、境内には沢山のモミジがあり、11月半ばになるとお寺中が真っ赤に染まりモミジ山になります。苔の緑と調和して日本の美しさを堪能できます。もちろん青紅葉の季節も爽やかな緑に囲まれながらの苔散歩は清々しいです。

大雄山最乗寺と同じくらいの標高にある夕日の滝は筆者が発見したアシガラスハマソウの自生地、矢倉岳の近くにあります。標高約450mの地点で、落差23m、幅5mの木々に囲まれた滝です。滝行が行われている滝としても有名で、滝の周りに塩を盛って、白装束で滝に打たれている人に出会うこともあります。この滝の側には日本昔ばなしにも登場する実在の金太郎の生家もあり、生まれた時に、ここ夕日の滝の水を産湯に使ったといわれています。

駐車場から滝までの道沿いにはタマゴケやホソバオキナゴケ、アラハシラガゴケなどが生えています。初夏にはヤマユリやウバユリが開花し良い香りがします。滝につながる道の近くには沢があり、ジャゴケやフロウソウが生えていて観察できます。また、その周りにはヨゴレネコノメやタニキキョウなど色々な山野草も自生していて季節を問わず楽しめる場所です。滝の側には山道もありコツボゴケやトヤマシノブゴケ、カガミゴケ、シシゴケ、ホウオウゴケなど色々な種類の苔を観察できます。

イギリス

イギリスは日本に比べて緯度が高く、また、1年を通して霧や雨、曇り空が多く、苔や植物にとっては環境がよいといえます。各地でさまざまな苔を見ることができます。特に北部の湖水地方には沢山の湖があり、湖の周りの山や沢は自然豊かな景観です。

広い牧草地には沢山のヒツジが放し飼いになっている。敷地を囲むライムストーンの石垣の表面には色々な苔やシダなどの植物が沢山生えている。苔を観察していると突然キジが現れてビックリする。

日本でも人気のあるピーターラビットの作者、ビアトリクス・ポターも、ここ湖水地方に魅せられて移り住んだ一人です。ビアトリクスは湖水地方の伝統的な農場であるヒルトップを購入し自宅を建てました。ウィンダミア湖の西岸にある小さな村ニア・ソーリーにあり、街のあちこちにピーターラビットの挿絵に出てくる風景が広がっています。湖水地方一帯はナショナル・トラストが管理しているため、自然がそのまま残されています。

そんな湖水地方のコニストン湖の側にブラントウッド邸はあります。この邸宅を1871年にジョン・ラスキン氏が購入し、250acもある敷地に植林し沢を作り、まるで自然の森のような庭を造りました。この庭の中に有名な石板を重ねて造られたラスキンズチェアーと呼ばれる椅子があります。石の表面を苔が覆い、緑の素敵な姿になっています。また庭には沢山のシャクナゲや大きなシダが植栽されています。湿度が高いので色々な所で苔を観察できます。

左）所々にライムストーンが露出していて、その表面にはフサフサしたシノブゴケの仲間が生えている。中）ライムストーンには蒴の形が青リンゴに似ているためアップルモスと呼ばれているタマゴケやマユハケゴケの仲間などが生えている。右）小川が流れている雑木林。アネモネやイングリッシュブルーベルが春になると咲く。

かわいい苔の丸いコロニーが沢山ある。やがて、コロニー同士がくっつき大きなコロニーになる。

湖水地方はたくさん湖があることで有名ですが、その周りにある小高い丘のような山も素敵です。この山の1つにニュービーブリッジの森があります。森の中の道は苔を観察しながら歩くには最適です。地面を這った根の表面に苔をびっしりとつけた大きなオークがあったり、変わった形の苔をゆっくり観察しながらの森林浴はとても楽しいです。

湖水地方の近くにはシルバーデールという小さな街があります。そこには素敵な教会や、海岸線の夕日がきれいなライムストーンでできた丘があります。また、ライムストーンを積み上げて作った石垣で囲まれているヒツジの牧場が沢山あります。その石垣には色々な種類の苔やセダムの仲間、シダ植物が生えています。また、自然保護地域には、イングリッシュブルーベル、ワイルドガーリック、プリムローズ、ワイルドナルシサスなどが生えています。

上）シダと一緒に苔が生える。1日に何度も雨やミストが降るため湿度が高く涼しい。苔やシダにとって適した環境のため成長が早い。
下）レースのように美しいコモンタマリスクモス（オオシノブゴケの仲間）。お互いが重なり合いながら成長していく。

………ヨーロッパの苔………

ヨーロッパのイギリスやイタリアには日本の苔と違う種類が多く生えています。石灰岩でできた岩の上に落ち葉が堆積しその上に苔が生えています。中には枯れ枝にまとうように生え、まるでクリスマスツリーのような姿をしています。イギリスは1日に何回か必ず雨や霧、霧雨が降るためいつも湿度が高く苔にとっては最適です。また夏もあまり高温にならないため、苔を含め色々な植物がずっと成長できるため大きくなります。苔の形も色々あり、鳥の羽根のような形のラフストークトゥフェザーモスや、日本でも人気があるアップルモス、小さな木のような形のスプレンディッドフェザーモスなど、面白い形やきれいな苔が沢山あります。ヨーロッパではナチュラルヒーリングセラピーとして森の苔の絨毯に寝ころんでエネルギーをもらったり、森や苔の香りを楽しんだりします。日本の苔庭でそんなことしたら大変です。苔は見るもの、触らぬもの。いかにも硬い考えです。

でも、いつかヨーロッパのような、そんな素敵な苔庭が日本にできたらよいなと思います。身体全体で苔のことを楽しめる空間が。

スロベニア共和国

スロベニア共和国は南にクロアチア、西にイタリア、北にオーストリア、東にハンガリーの国境に接します。北西部にはジュリア・アルプスがそびえ立つ側にブレッド湖があります。とてもきれいに澄んだ水は、湖にいるマスの姿がわかるほどです。湖畔の周りには西洋ボダイジュが植えられていて、レイクリゾート地ならではの、のんびりとした時間が流れています。

湖の中にはブレッド島があります。その島には小さな白壁の聖マリア教会があり、教会へはプレトナボートで渡ります。この教会での結婚式はパートナーを抱き上げて１００段近くある階段を登るといった伝統もあります。近くにはスキージャンプ世界選手権会場があり、その周りには沢山のスキー場があります。スキージャンプ世界選手権会場の近くの林には西洋オニシバリや雪割草、原種クリスマスローズのニゲルが苔に埋もれながら生えています。非常に湿度の高い地域なのか石灰岩の岩肌にも苔が生えています。スロベニア共和国は料理が豊かです。トラウトの姿揚げや座布団のようなトンカツに似た豚肉のフライ、なかなか日本では食べられないダイナミックな自然が口の中に広がるカモシカのスープや、野生味あふれるクマのトマトシチューなど。スペシャル料理を堪能した後は標高２８００ｍものアルプスの反対側の北イタリアに行くのもよいでしょう。

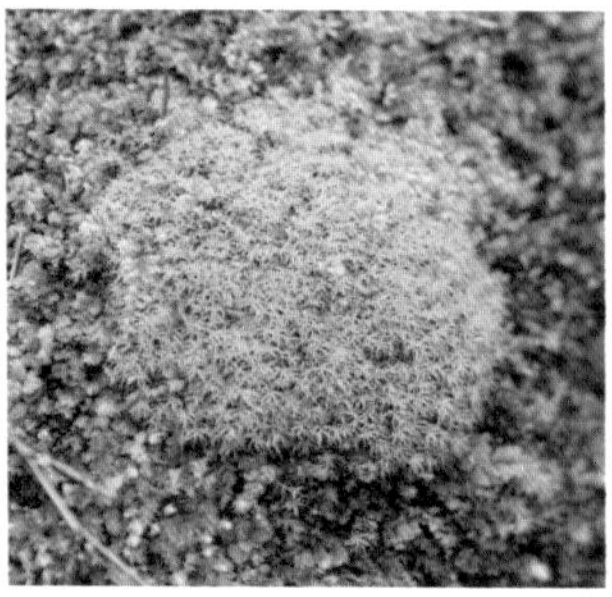

右）コモンスムースキャップ（タチゴケの仲間）。他の種類の苔の中にコロニーを作っていた。葉がランダムにねじれかわいい。左）ウカミカマゴケの仲間。濡れた岩の表面に広がるように生える。スロベニアの苔は小型の種類が多い。

クサゴケの中に生えるヘパティカ・ノビリス（雪割草の仲間）。青紫色の個体が多いが、白に近い色の個体も時々ある。

イタリア

イタリアのトスカーナ地方の中心である古都フィレンツェ。フィレンツェとは花の女神フローラにちなんでフロレンティアと名づけられたのが語源です。花の都、ルネッサンスの都として街全体が美術館のような美しい街並み、魅力的な建築物であふれています。ドゥオーモで有名なサンタ・マリア・デル・フィオーレ大聖堂は、石積み建築のドームとしては世界最大です。

その側には世界最古の薬局サンタ・マリア・ノヴェッラがあります。薬局の中に入ると沢山の薬の引き出しがあり、注文するとそこから取り出してくれます。薬以外にも、石鹸やコスメもあります。また、日本の京都のお香の老舗・松栄堂の薬局限定のフレグランススティックがあります。

トスカーナ地方には世界遺産であるピサの斜塔もあります。改良され傾きが少し改善されたといわれています。見た感じまだ、かなり傾いていますが最上階まで登れ周りの景色を見ることができます。そんなトスカーナ地方へスロベニア共和国からはアルプスを貫く、つづら折りトンネルを走り国境を越えます。国境を越える際、EU加盟国のためパスポートも見せずにスルーできます。国境を越えると周りは石灰岩地帯が続きます。その石灰岩の周りにはイワダレゴケの仲間やオオフサゴケと一緒に雪割草やプリムローズ、エリカが生えていて、まるでロックガーデンのようです。少し標高が下がるとタマゴケがコロニーを作り、岩の上に生えていました。

上）ビッグシャギーモスの中に生えるヘパティカ・ノビリス（雪割草の仲間）。青紫色の花が可憐で美しい。中）丸い岩に生えたオルトトリムク・レイリア（タチヒダゴケの仲間）。下）湿度が高いため小枝にも苔が生える。

COLUMN

苔も紅葉するの？

秋になると色々な植物が紅葉し野山を彩ります。モミジやサクラは紅色に、イチョウは鮮やかな黄色になり、目を楽しませてくれます。

苔も植物の仲間です。種類によって色とりどりに紅葉します。都心に生えているギンゴケやゼニゴケなどはあまり色が変わりませんが、郊外の山や高山に生える苔は種類によって色鮮やかに変わります。

普段は緑色のトヤマシノブゴケは明るい黄金色に、日向では黄緑色、日陰では明るい緑色のハイゴケは鮮やかな黄金色に。薄緑色のホソバミズゼニゴケは赤褐色、深緑色のオオカサゴケは黄緑色になります。

コウヤノマンネングサ

そして苔の王様コウヤノマンネングサは抹茶色から三色に染まり変わります。葉の先から緑色、黄色、オレンジ色とグラデーションになり、とてもきれいです。

落葉の中で紅葉しているため、よく見ないと見つかりにくいかもしれません。紅葉する前に生えている場所を探しておくとよいでしょう。

他の地域より早く紅葉する高山では、真っ白なハナゴケ、真っ赤に紅葉したコイワカガミ、真っ黄色のダチョウゴケが一緒に観察できます。コケモモなどの真っ赤な果実も見ることができるかもしれません。

秋の高山は晴れていても雪が舞うことがあります。暖かい服装で観察しましょう。

苔は秋になり、夜間に氷点下近くまで気温が下がると色が変わり始め紅葉します。

晴れた日に観察すると、より鮮やかな色を見ることができます。苔テラリウムを室内で楽しんでいると寒さに当たらないため緑色のままです。オープンタイプの苔テラリウムは外で乾燥した寒さに当たると紅葉します。

苔の紅葉はあまり知られていません。モミジなどの紅葉を見に行ったら、苔の紅葉も一緒に観察してみましょう。

ハイゴケ

トヤマシノブゴケ

Part 5

苔について学ぶ

苔を知る

・苔の特徴と体のつくり

新緑の季節、緑の森の林床にびっしりと敷き詰められた苔の絨毯、森林浴のさわやかな風とともに身体全体が緑に包まれ癒やされていく、そんな自然を感じさせてくれる苔テラリウム。お部屋の中に緑の苔でできた苔テラリウムがあると目にも優しく、ほっとさせてくれます。苔は常緑で一年中青々としています。

苔とは、いったいどんな植物なのでしょうか。

苔は全世界に約2万種類、そのうち日本に約１７００種類あるといわれています。同定されていないものも含めると、それ以上の種がこの地球上に自生していることになります。極寒の極地から熱帯の赤道直下、草も生えないような高山から都会のアスファルトの上まで、はたまた水の中までと、ありとあらゆる所で苔を見つけることができます。

では、なぜこのように多種多様な場所に自生することができるのでしょうか。

それは、苔の体のつくりに秘密があるのです。苔は水中から陸に上がった原初の植物といわれています。水中では水の心配はなく、いつでも体の表面から取り入れることができました。根から吸い上げた水を通す維管束も、水の蒸発を防ぐためのクチクラ層も必要ありません。その状態のまま陸上で生活し始めたのが苔なのです。ですから苔には水を吸い上げる根も、水や栄養分を送り体を支える維管束もなく、クチクラ層も未発達です。

陸上に上がっても水中の時と同じように、仮根で土や石にしがみつき体全体で雨などの水分や空気中の微量の栄養分をとり入れ、光合成を行います。雨が降らないなど乾燥してしまうと休眠状態になり、次の雨まで耐える苔の生態は本当に興味深いものです。

この環境に逆らわないという柔軟なやり方と、単純な体のつくりにより、ありとあらゆる環境に適応してたくましく生きていくことができるのです。

・苔の種類

苔は大きく3つに分類されます。スギゴケ植物門（*Bryophyta*）、ゼニゴケ植物門（*Marchantiophyta*）、ツノゴケ植物門（*Anthocerotophyta*）と、それぞれ独立した分類群として扱われています。この3つの分類群はすべてまとめて「コケ植物」と呼ばれていますが、遺伝子解析の結果から側系統群（分類学的に単一でないグループ）であることが示されています

日本ではスギゴケ植物門（蘚類）が一番多く、約１１００種が知られています。茎と葉の区別がはっきりしている茎葉体で直立性のものと匍匐《ほふく》性のものがあります。匍匐性の蘚類の枝は主茎より短く匍匐または斜上します。匍匐する時は全体的に扁平に枝分かれします。葉には1～2本の中肋《ちゅうろく》があり、葉は単細胞層で中肋部分は多細胞層になっています。仮根は多細胞です。造卵器や造精器は苞葉《ほうよう》によって保護されています。直立性の蘚類は主茎の先端に1つの胞子体をつけ、匍匐性の蘚類は主茎の途中に複数の胞子体をつけます。胞子体は、蒴《さく》、

……蘚　類……

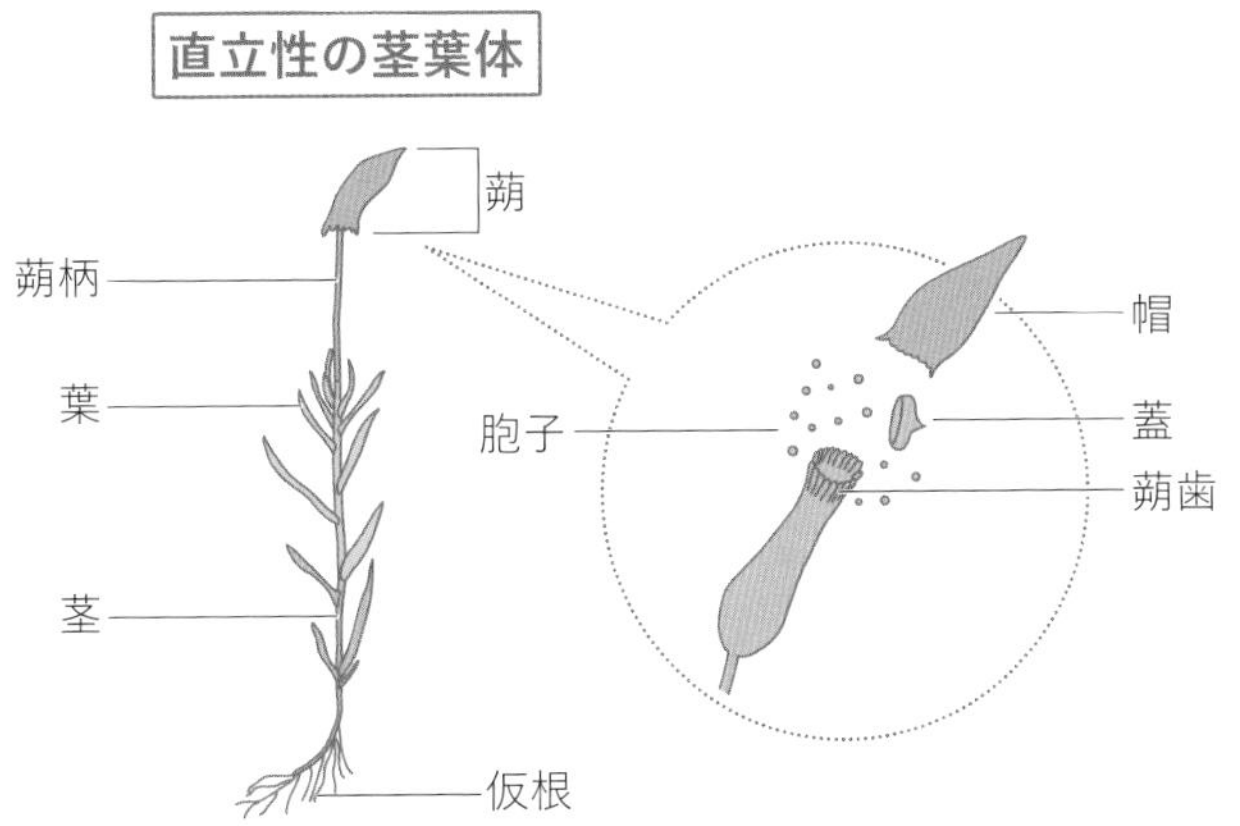

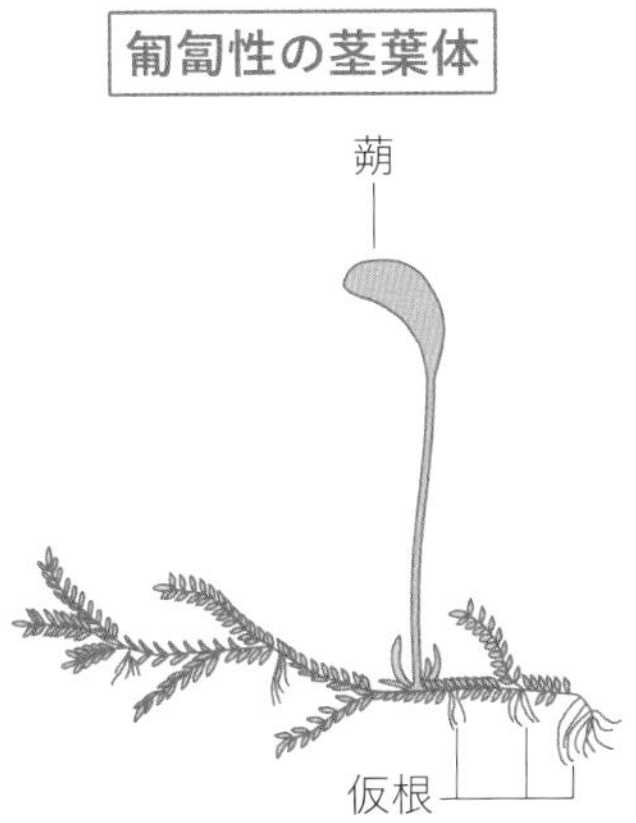

蒴柄《さくへい》、足からなり、成熟すると先端の蓋が外れ、蒴歯が乾湿によって開閉運動を行い、長期間胞子を放出します。胞子での繁殖の他に、無性芽による無性生殖や、茎や葉の一部が落ちてそれが再生し繁殖することもあります。

次に多いのがゼニゴケ植物門（苔類）で、日本に約620種あります。苔類には茎葉体のウロコゴケ目と、葉と茎の区別のない葉状体で組織が分化していないフタマタゴケ目、葉状体で組織が分化しているゼニゴケ目があります。細胞に油体があり仮根は単細胞です。葉状体の葉の腹面に粘液毛か腹鱗片があります。茎葉体の葉は2列の側葉と1列の腹葉が茎についています。（腹葉のない仲間もあります。）胞子体は、蒴、蒴柄、足からなり、成熟すると蒴の先端から4つに割れ、胞子を弾糸などで遠くに瞬時に飛ばし枯れます。

最後にツノゴケ植物門（ツノゴケ類）は日本に約20種あります。蒴が牛の角のように棒状になることからこの名がついたようです。葉は葉状体でゼニゴケに似ていますが、腹鱗片はありません。仮根は単細胞です。体には藍藻が共生するための腔所があり、共生している時は青緑色に見えます。角状の蒴の中心には軸柱があり、成熟すると先端から2つに裂け弾糸などで胞子を飛

……苔　類……

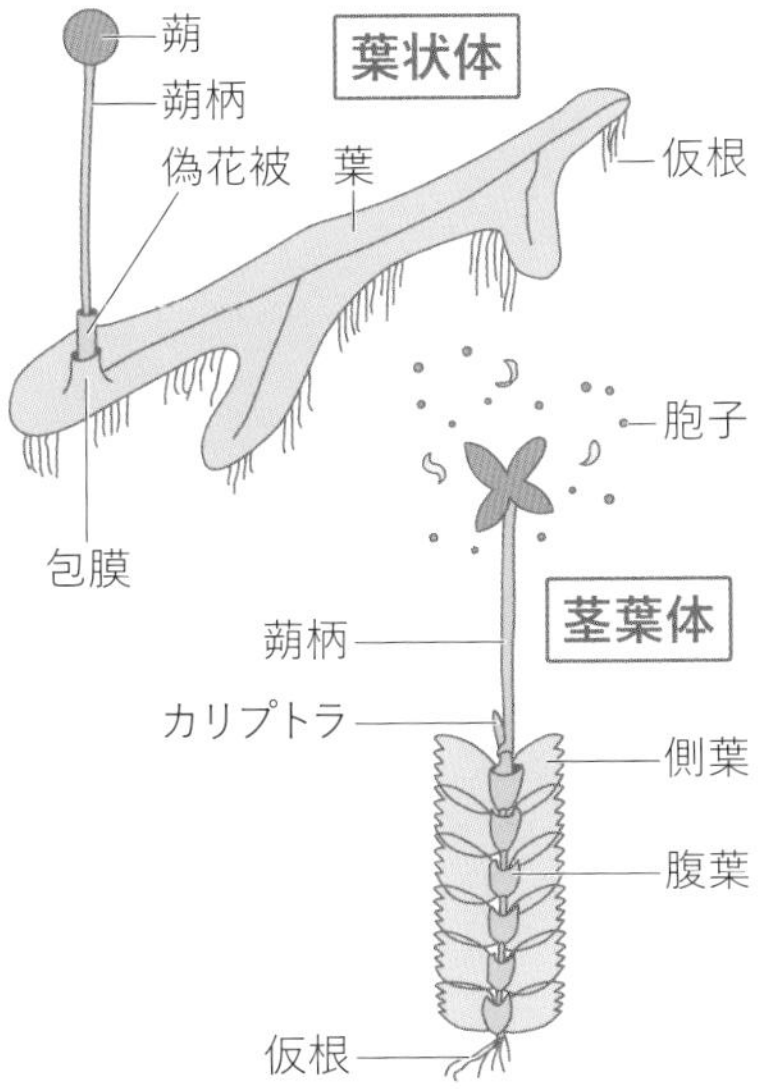

……角苔類……

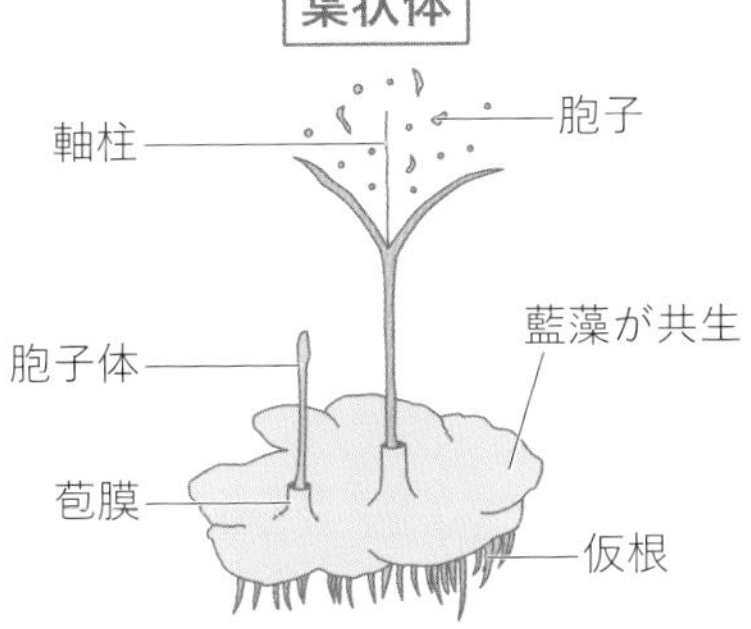

ばします。ツノゴケ類には藻類の特徴であるピレノイドや、維管束植物の胞子体に見られる分裂組織があり、蘚苔類とは全く異なります。

■苔のライフサイクル

苔は昔から、神社や寺の庭に使われたり、苔玉や盆栽など日本人の侘び寂びの世界にはなくてはならないものでした。それだけ身近に存在していたということでしょう。確かに、普段何気なく通り過ぎている道も苔を気にして歩いてみると、いたる所に苔を見ることができます。

また、苔は知らないうちに色々なところに生えています。植えた覚えのない庭の片隅や鉢の中など他の植物と一緒に仲良く育っています。そしてかわいい胞子体を伸ばしていたりします。

いつのまにか育っている苔はいったいどんな一生を過ごすのでしょうか。ここではスギゴケ植物門（蘚類）のスギゴケの仲間を例に、簡単な図で表しましょう。

まず、胞子が発芽し細胞分裂を繰り返しながら緑色の糸状の原糸体を形成します。原糸体は成長して枝分かれし、茎葉体の芽を沢山つけます。このようにして1つの胞子から沢山の茎葉体が生まれます。

配偶体はこの茎葉体と原糸体から成り立っているのです。配偶体は成長して茎の上に造精器と造卵器を作ります。1つの配偶体の上に造精器と造卵器を両方とも作るものを雌雄同株、別々の配偶体にそれぞれ造精器と造卵器を作るものを雌雄異株といいます。配偶体の上にできた造精器では精子が作られます。精子を膜に包んだ精細胞が雨などの水の力を借りて造卵器にたどり着きます。精子が水の中を泳いで卵と受精します。受精すると受精卵は胚となり、造卵器の中で、分裂を繰り返し胞子体として成長します。

成長した胞子体は先が膨らんで先端に蒴のある苔の胞子体の形になります。胞子体は成長とともに周りの袋状のものを破り、切り取られた上部のものは帽となって先端を保護します。この蒴の中で減数分裂を行い胞子を作っているのです。

成熟すると先端の帽や蓋が外れ、蒴歯が乾湿によって開閉し長期間胞子を放出します。胞子は乾燥に強く軽いので遠くまで運ばれます。胞子が散布されるとまた、前記の繰り返しです。苔の胞子体は配偶体の上に共生して一生を終えることになります。

このほか、苔は無性芽によっても増殖します。無性芽から原糸体ができて成長し、茎葉体の芽をつける場合と、無性芽から直接茎葉体ができる場合があります。茎葉体ができたら配偶体となり前記のサイクルと同じように繰り返されます。

また、茎や葉などの一部が落ちて新しく茎葉体ができることもあり、これを利用して苔を粉砕して播き増やすことができます。

薄いトレーに水分を保つため不織布やピートモス、赤玉土などを敷いた上に、粉砕した苔を播き、遮光ネットをかけ1年〜2年すると一面に広がります。

このようにして苔はさまざまな方法で増え続けているのです。自分に合う環境ならどこでも繁殖し、長い年月を経て多種多様な場所に適応できるように進化し続けてきたのでしょう。これも何事にも逆らわない柔軟な苔の生命力といえるでしょう。

……苔類のライフサイクル……

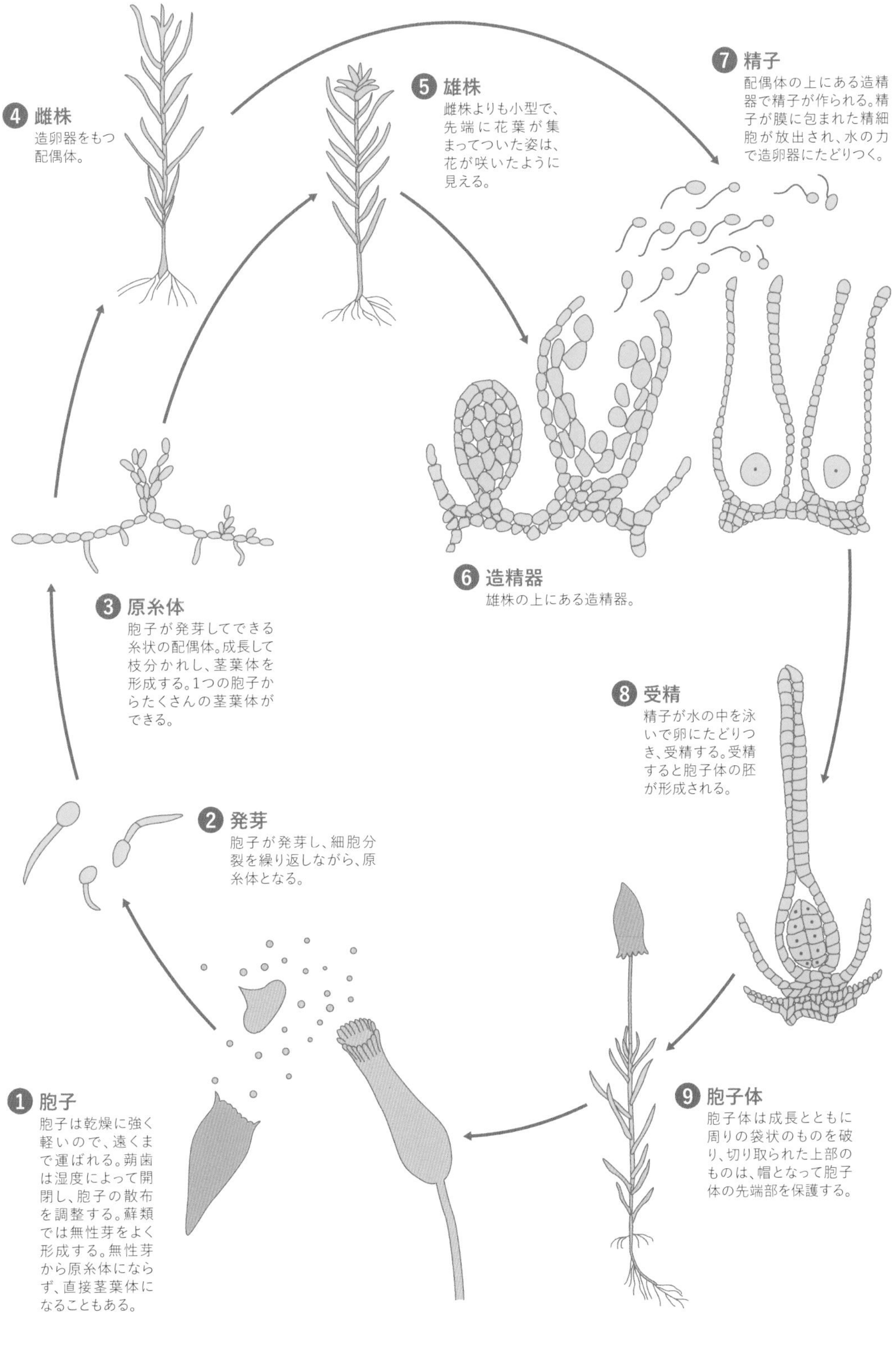
❶ 胞子
胞子は乾燥に強く軽いので、遠くまで運ばれる。蒴歯は湿度によって開閉し、胞子の散布を調整する。蘚類では無性芽をよく形成する。無性芽から原糸体にならず、直接茎葉体になることもある。
❷ 発芽
胞子が発芽し、細胞分裂を繰り返しながら、原糸体となる。
❸ 原糸体
胞子が発芽してできる糸状の配偶体。成長して枝分かれし、茎葉体を形成する。1つの胞子からたくさんの茎葉体ができる。
❹ 雌株
造卵器をもつ配偶体。
❺ 雄株
雌株よりも小型で、先端に花葉が集まってついた姿は、花が咲いたように見える。
❻ 造精器
雄株の上にある造精器。
❼ 精子
配偶体の上にある造精器で精子が作られる。精子が膜に包まれた精細胞が放出され、水の力で造卵器にたどりつく。
❽ 受精
精子が水の中を泳いで卵にたどりつき、受精する。受精すると胞子体の胚が形成される。
❾ 胞子体
胞子体は成長とともに周りの袋状のものを破り、切り取られた上部のものは、帽となって胞子体の先端部を保護する。

季節の管理方法

春

屋外に置いてあった苔テラリウムや苔庭の苔は褐色がかっていた色が、だんだん明るい緑色に戻り始めます。室内の明るい場所で栽培している苔テラリウムはずっと緑色をしています。寒さに当たらなかったため苔の色は褐色の冬色にはなりません。この時期、新芽が出る季節でもあります。また、種類によっては蒴を出す種類があります。形が丸くかわいくて人気があるタマゴケや揉んだりすると柑橘系の香りのするジャゴケなどは早春につけます。

春は温度差があり、また意外と乾燥します。屋外にある苔テラリウムでは1日でカサカサになることがあります。でも、その時はたっぷり水を与えて様子をみましょう。緑色になり、またきれいな姿に戻ります。

またこの季節はコウヤノマンネングサなどは、土の中からアスパラガスのような新芽を出します。少し伸びてきたら緑色の小さな葉をまるで線香花火のように出して伸びていきます。早春に咲く花をデザートグラスやガラスのカップにアレンジしたり苔玉にするならば、ぜひ清楚で可憐な雪割草がおすすめです。できれば蕾が出る前に作りましょう。開花している場合は、植えている最中に根が乾かないように気をつけましょう。

夏

梅雨明けまでの間、苔にとって一番成長する季節です。しかし、高温多湿にもなりがちです。屋外の苔庭や、お皿などに作った苔テラリウムなどは蒸れると傷みやすいです。特にシッポゴケやスナゴケは黄色に変わり枯れてしまいます。また、ホソバオキナゴケやハイゴケはクモノスカビが発生することがあります。発見したら広めにカットします。苔テラリウムで蓋つきのボトルタイプはボトル内に、苔を腐敗させるバクテリアが増殖し傷んでしまうことがあります。傷んだ箇所が葉の先なら、ハサミで少し大きくカットします。

また、苔元が傷んだ場合には、傷んだ箇所を取り除き、消毒用エタノールを綿棒に染み込ませ、傷んだ箇所に塗ります。その時、緑色の葉の部分にはつかないようにします。

梅雨が明けて、真夏になると高温が続きます。乾燥した状態では大丈夫ですが、湿っている状態で高温になると傷みやすいです。苔庭などはミストなどで気温を下げましょう。また、蓋つきのボトルタイプは、クーラーのある部屋で育てるか、暑い時期だけふたを閉めたまま冷蔵庫で管理して涼しくなったら出しましょう。蓋のないオープンタイプはクーラーのある部屋では除湿され乾燥します。夜に1回、霧吹きをしましょう。

秋

苔が苦手な暑さが弱まる季節です。しかし、まだ油断はできません。時々、夏日が戻り高温になります。苔庭や屋外にある苔テラリウムは高温になると乾燥しやすいです。その時は夕方にたっぷり水を与えましょう。

蓋つきのボトルタイプなど新葉が出てボトル内が賑やかになったら、少しハサミでカットしましょう。

涼しくなると、苔は新芽を出して増えます。1年のうち、苔は春と秋に成長します。栽培もしやすい季節です。この時期、苔を小さく切り赤玉土を敷いたトレイに播くと増やすことができます。

秋の終わりに近づくと苔も紅葉する種類があります。苔の紅葉を楽しむこともできます。

また、秋から冬にかけて色々なアレンジを作ることができます。春に咲く山野草の苗を一緒に植える時は落葉した苗を使うと植えやすいです。植える時、根鉢の土を落として作ることができます。ガラスなどの容器に硬質赤玉土（小粒）などを入れて、中にクロッカスやムスカリ、ガランサス、スイセンなどの球根を植えて、その芽が出る場所には砂利を、その周りに苔を植え春を待ちましょう。

冬

太平洋側や雪があまり降らない地域では乾燥する季節です。苔は寒さには強いため凍っても傷みませんが、寒いから風には弱く、苔の葉のきれいな緑色が葉の縁から茶色くなります。種類によってはミズゴケの仲間のように冬芽を作って赤褐色になるものもあります。屋外にある苔テラリウムなどは、あまりに乾燥する時は発泡スチロールに入れ蓋をして春まで待ちましょう。

温度の変化が少ない室内のボトルタイプは、苔の色が変わることはなく緑色のままです。苔テラリウムのアレンジで、モミジやハゼの木を入れ紅葉を楽しむ時は、ある程度寒さが当たる場所で管理しないと紅葉しません。屋外に置いて寒さに当てて紅葉が始まってから室内で楽しみましょう。

お正月用の苔テラリウムのアレンジでマツやササを使う時は根鉢を崩さずに、ウメは根を切って植えても傷みません。

ボタニカルアート

　ボタニカルアートといえばバラの絵で有名なピエール＝ジョゼフ・ルドゥーテ（1759〜1840）を思い浮かべる人も多いでしょう。ベルギーの画家であり植物学者であったルドゥーテは『バラ図譜』をはじめ多くの植物図版を残しました。『アイヒシュテット庭園植物誌』のバシリウス・ベスラー（1561〜1629）、『クリフォート邸植物』のゲオルク・エーレット（1708〜1770）などにより植物の特徴や属性を正確かつ的確に描くボタニカルアートの様式が確立されました。

　ボタニカルアートとは、植物の詳細な部分まで丁寧にその特徴を捉え、正確に描いたものです。その歴史は古く紀元1世紀に、古代ギリシャの医者で植物学者であったペダニウス・ディオスクリデスが薬草をまとめた本草書『薬物誌（マテリア・メディカ）』を編集し、後に本草学者のクラテウアスが描いた植物の精密画が加えられ、中世の時代にたくさん写本が作られました。今でも『ウィーン写本』（6世紀）などそのうちの一部が現存しています。薬物誌という名前からもわかるように、有用な薬草を見分け、病気の治療などに利用するためのものでした。そのため植物の特徴や構造を詳細に描く必要があります。例えば、花の構造を描くため花弁、雄しべ、雌しべ、萼などをバラバラにして描いたり、種子や葉の特徴、根の先まで細かく描いてあります。

　ヨーロッパ諸国の中でも特にイギリスでは植物を愛好する文化が発達しています。イギリス全土に素晴らしい植物園が多くあり、中でも1759年に宮殿庭園として始まった王立植物園「キューガーデン」では1787年に『ボタニカル・マガジン』を一般市民に向けた雑誌として創刊し、現在まで続いています。

　植物を研究するため、多くの植物画家が誕生しました。そのうちの一人にジェームズ・サワビー（1757〜1822）がいます。サワビーは1世紀近くにわたって植物学と貝類学の書物に図を施してきた画家一家の始祖です。王立美術院で学んだあと、海洋画家リチャード・ライトのもとで修業した後、当時人気のあった花の絵画に興味をもちました。サワビーは1787年に、ウィリアム・カーティスと契約し、キュー王立植物園の機関誌『ボタニカル・マガジン』のために最初の4巻の中の70図以上の図を描きました。サワビーは、ほかにエドワード・スミス卿と一緒に18図の「フローリスト・ディライト」、440図の「イギリスのきのこ」、120図の「エキゾティック・フローラ」などの有名な作品も残しています。息子たちジェームズとジョージ、孫ジョン、曾孫ミリセントも画家となりました。

　サワビーは、科学者でもあり、卓越した画家であり有能な彫刻師でもありました。

　またサワビーの名前はヨーロッパオウギハクジラの英語名、Sowerby's Beaked Whaleや、キジカクシ科の植物の属名、Sowerbaeaにつけられています。

　日本の江戸時代にも本草学者である岩崎灌園《かんえん》による『本草図譜』などがあります。若いころから薬草採取を行い薬種植場を設けました。『本草図譜』は20年をかけて2000種の図を集大成したものです。

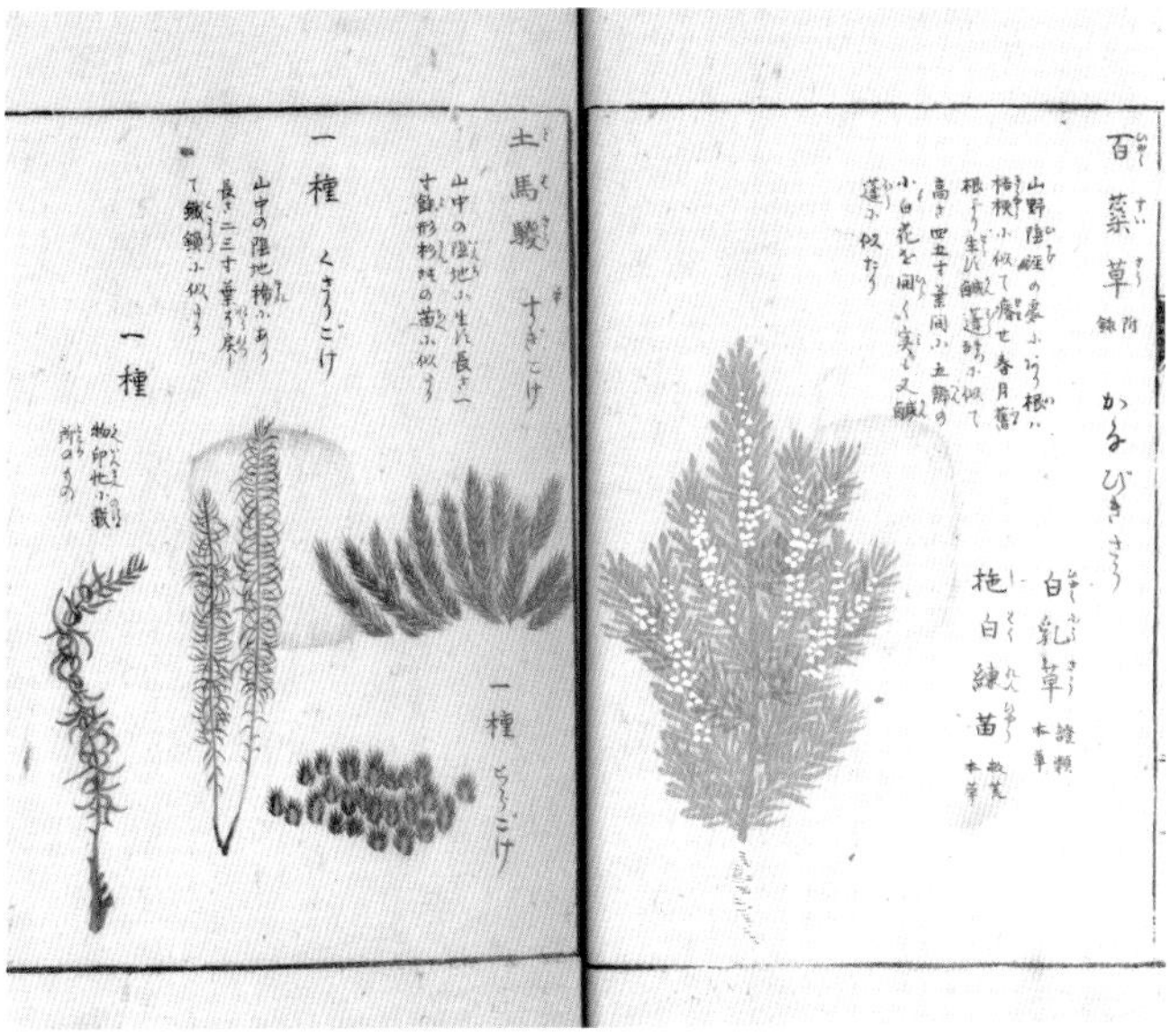

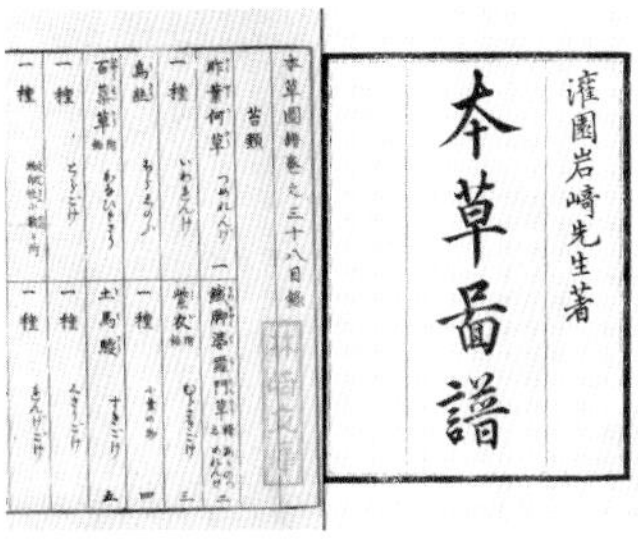

本草図譜

岩崎灌園（本名常正）

本草図譜は岩崎常正が20歳の頃から20年かけて約2000種の植物を描いた植物図鑑。全96冊の原稿本は1828年に完成した。写本が何種類も作られたようだ。江戸時代には山草部（巻5～8)、芳草部（巻9～10）のみが印刷刊行され、その後、大正時代に全巻が復刻印刷された。

普通植物図譜

明治39年発行
村越三千男画・高柳悦三郎編・牧野富太郎校訂／博物学研究会出版

この貴重な本の中で第1巻第11輯の次号予告にはスハマソウとゼニゴケがあるが実際の第1巻第12輯にはスハマソウの記載はなくゼニゴケの記載のみ。スハマソウ属の学名は*Hepatica*。ゼニゴケ網の当時の学名は*Hepatiacae*。学名が似ているため、ゼニゴケだけが記載されたのかもしれない。著者はスハマソウも苔も大好きなので、ゼニゴケだけでなくスハマソウも見たかった。

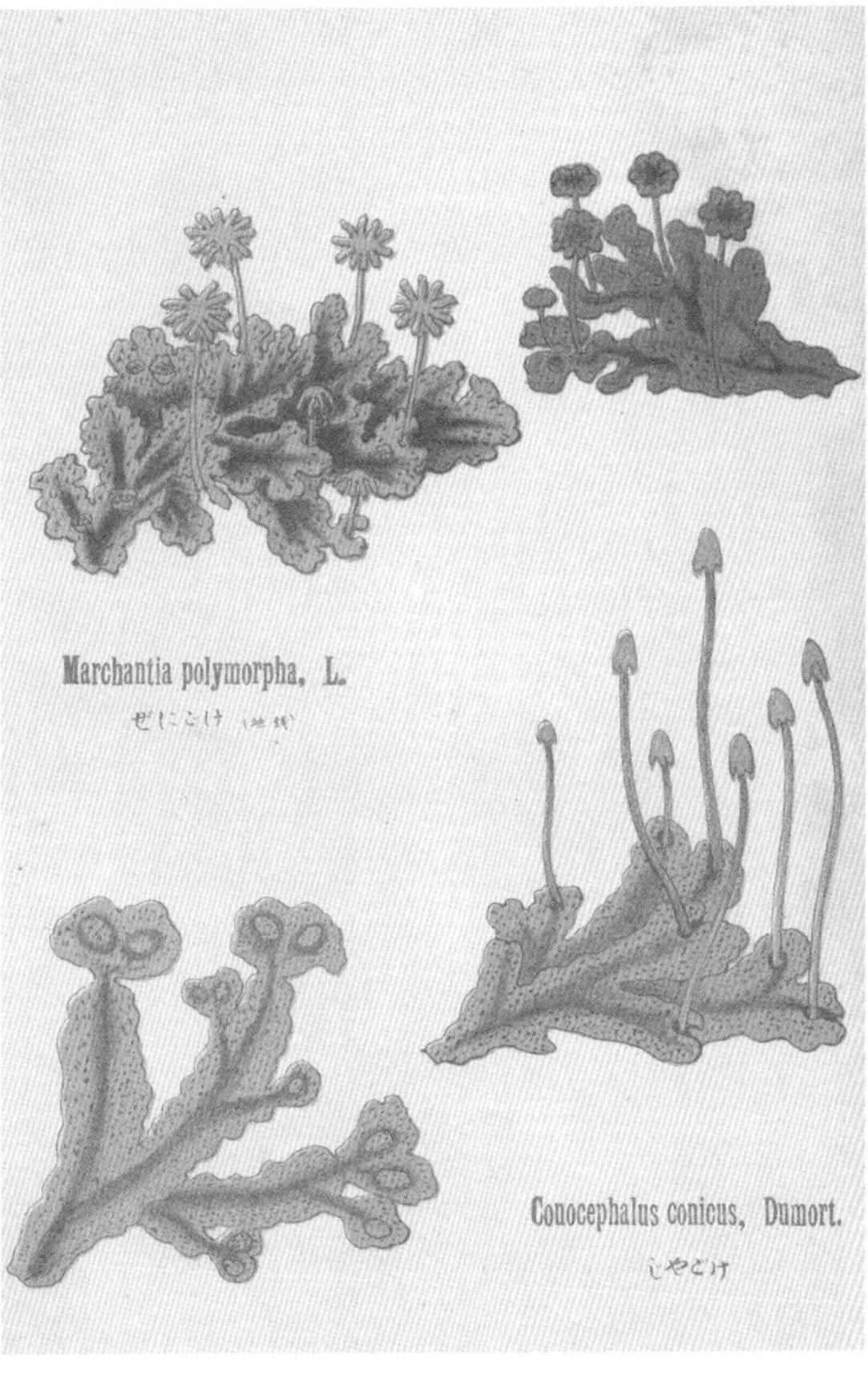

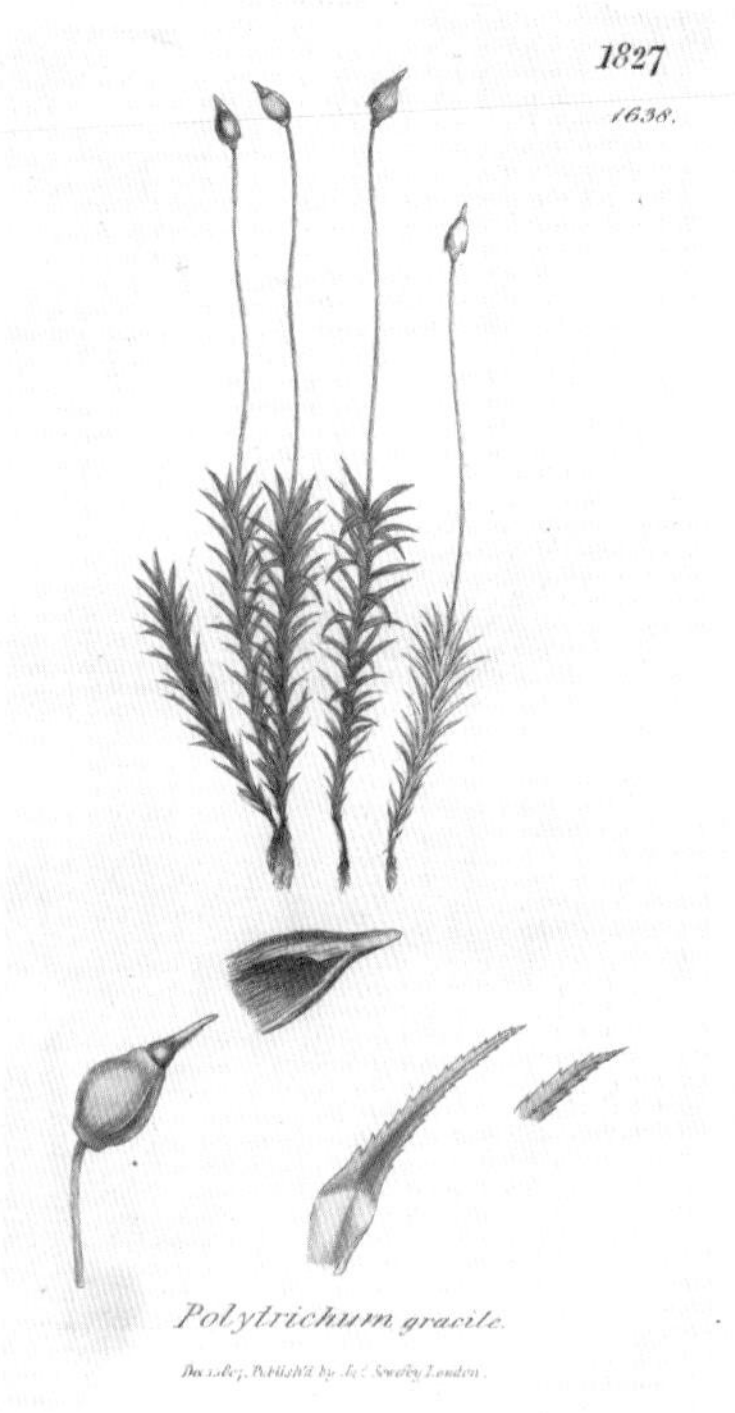

Polytrichum gracile
Feb.1.1807
published by Ja.
Sowerby London

Weiʃsia calcarea
Ja. Sowerby del. July 1 .1794

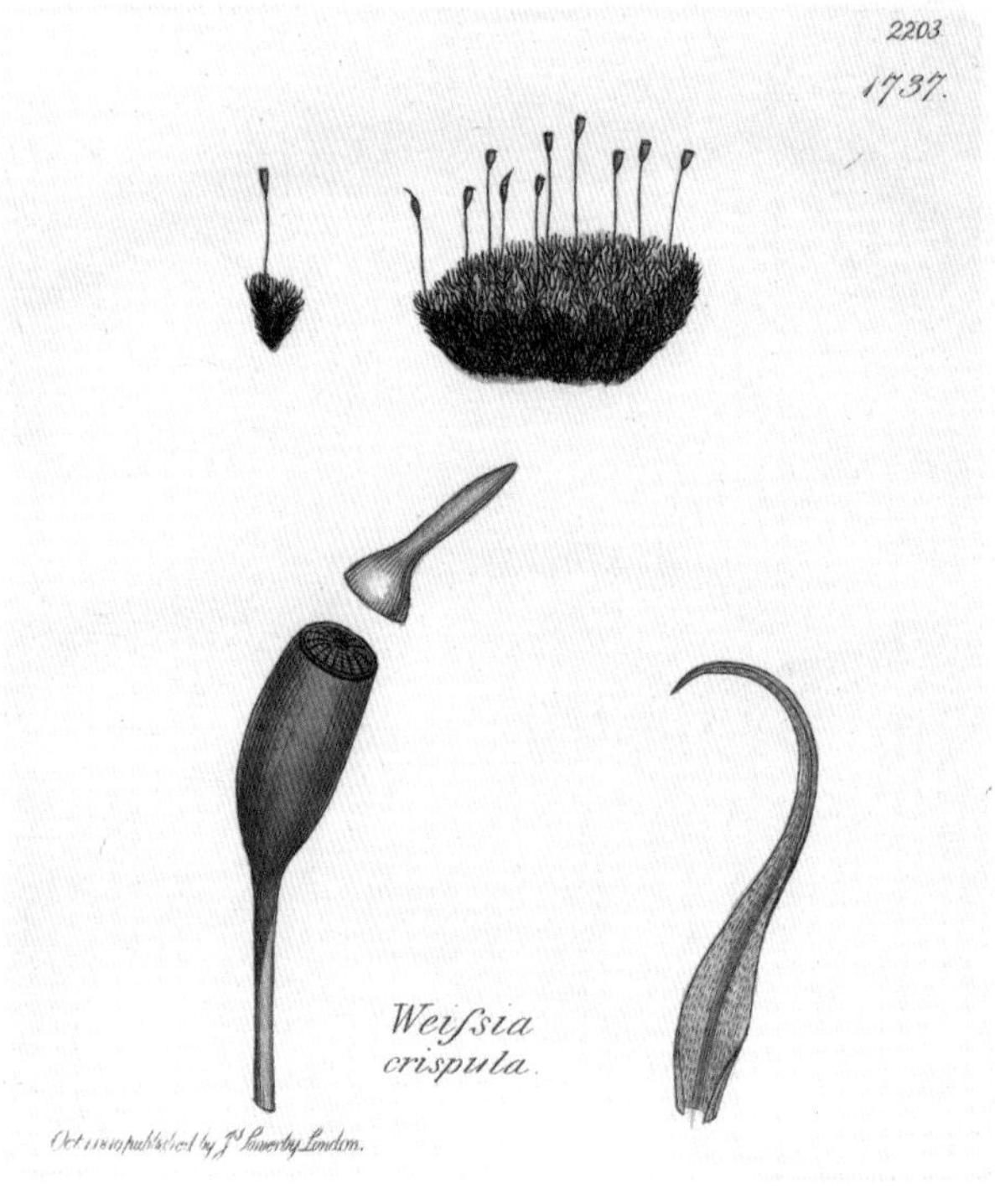

Weiʃsia crispula
Oct. 1. 1810 published by
Ja. Sowerby London

Pterogonium filiforme
July 1. 1811 published by
Ja. Sowerby London

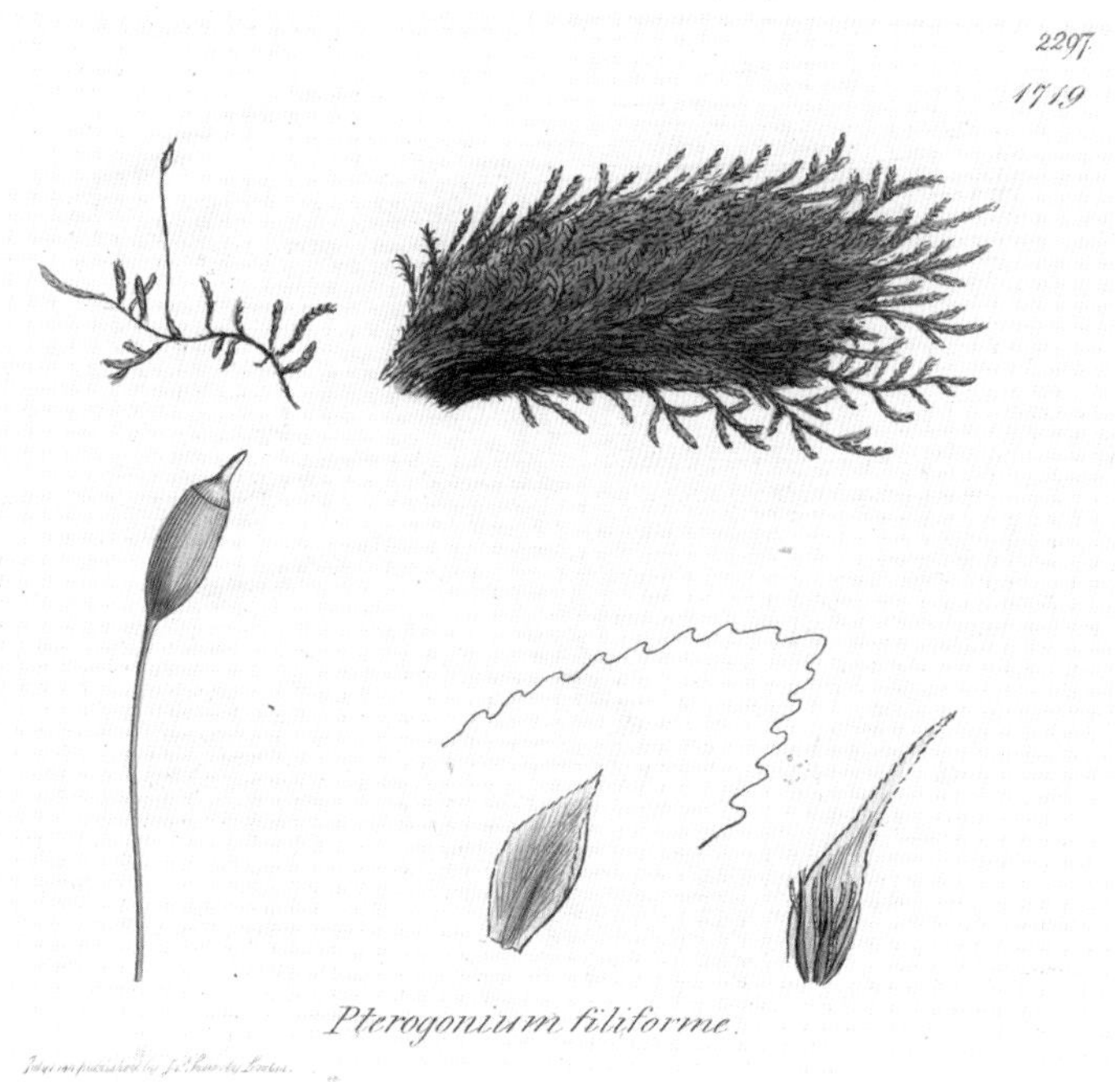

Grimmia apocarpa
Feb.1.1803 published by Ja. Sowerby
London

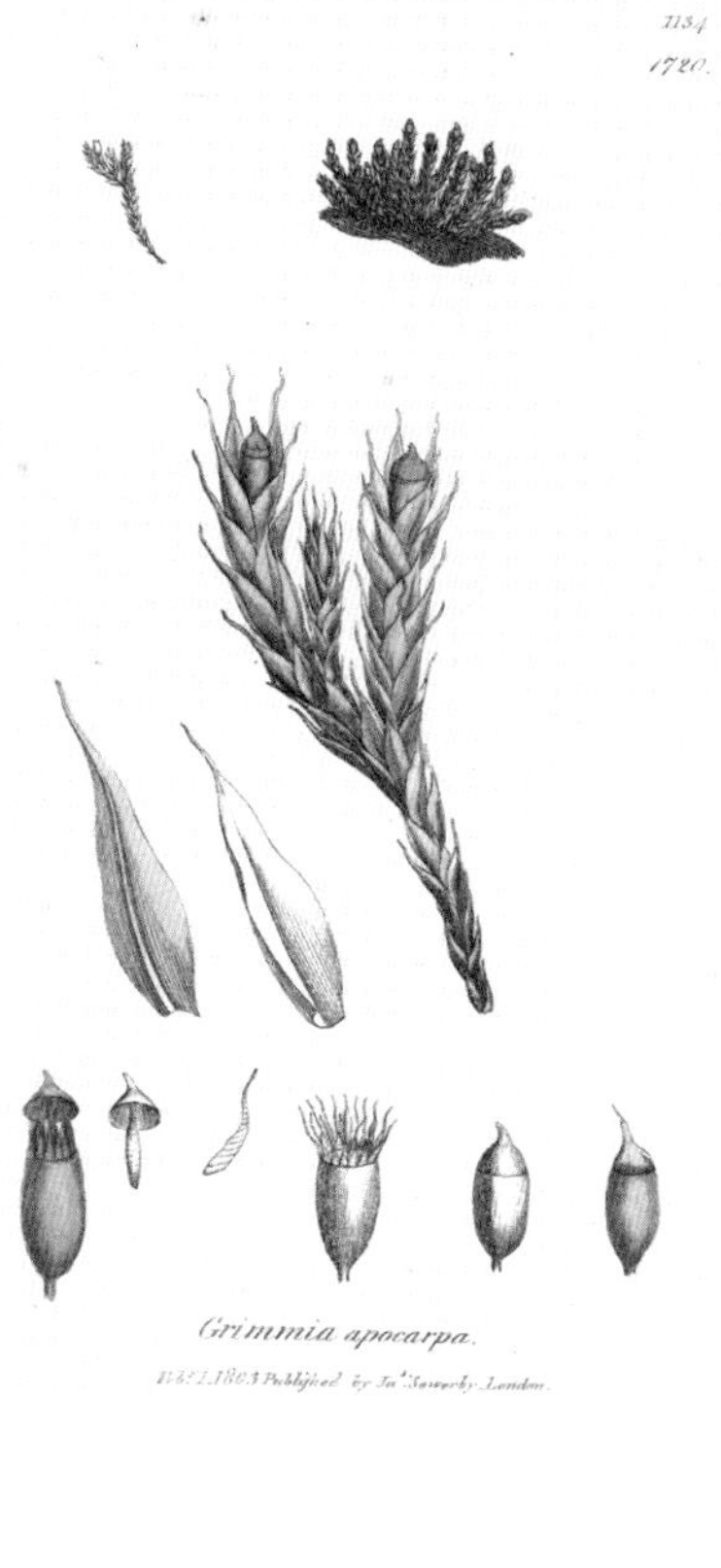

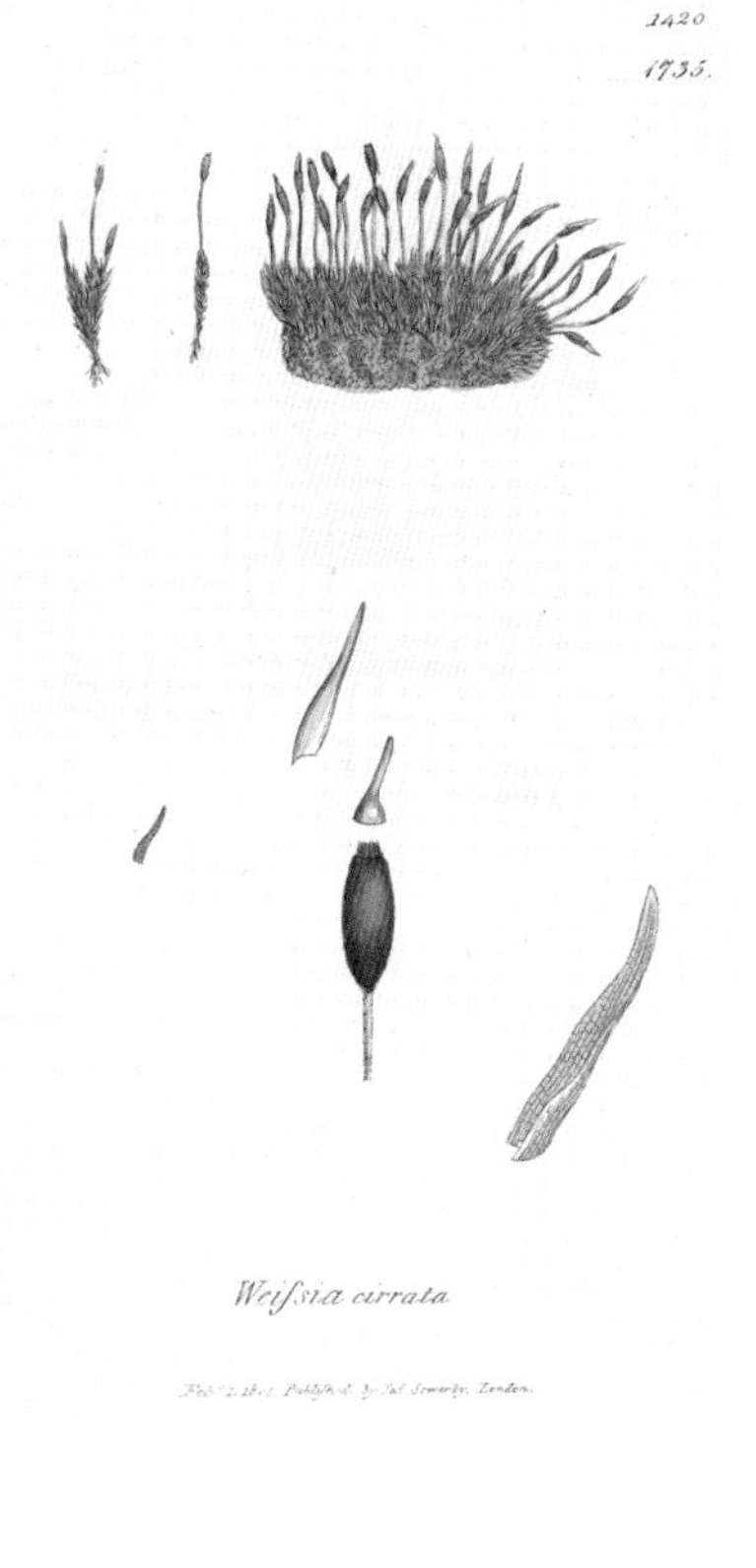

Weiſsia cirrata
Feb.1.1805
published by Ja.
Sowerby London

苔図鑑

本書の作品で使用している苔や、フィールドで比較的見つけやすい苔を紹介します。苔のコロニーだけでなく、苔のつくりがわかる写真、さらに、湿っている時と乾燥時で見た目が大きく違うものについては、乾燥した状態の写真も掲載しています。

ハイゴケ

学名：*Hypnum plumaeforme*

日当たりのよい、なだらかな斜面にマット状に広がる。通常黄緑色だが、冬季に紅葉して鮮やかな黄金色になる。乾燥すると縮れ、葉の色が黄色味を増す。茎の長さは10cmほどで、葉は密につく。水道水の塩素に弱く、またアルカリ性にも弱く、葉が黄土色になり枯れる。仮根の水没を嫌うため水がたまらないようにする。日本全土の他、東アジアから東南アジアに分布する。

乾燥した状態

乾燥した状態

トヤマシノブゴケ

学名：*Thuidium kanedae*

山地の半日陰の斜面、岩の表面などにマット状に生える。日当たりの違いで葉の色が黄緑色から濃緑色になる。水に浸かるような場所でも生育する。茎の長さは15cmほどで、葉は細かく1mmほどで茎にびっしりつく。冬季には黄金色に紅葉する。葉が乾燥するとすぐに縮れる。シート状になったものは崩れにくく、苔玉などに最適。日本全土、台湾、朝鮮半島に分布する。

エゾスナゴケ

学名：*Racomitrium japonicum*

風通しのよい、日の当たる岩の表面や、砂地の草原、砂の堆積した道路脇に生える。環境がよいと5cmほどまで伸びモップのようになる。乾燥すると葉は黄色で葉先は白くなりモールのように縮れてねじれる。雨で濡れたり、湿ったりすると葉は明るい黄緑色になる。マット状に広がり繁殖するが、仮根はあまりつながらないため、1本ずつすぐにバラける。日本全土にあり、北半球に分布する。

乾燥した状態

シッポゴケ

学名：*Dicranum japonicum*

明るい日陰で、時々霧が発生する湿った腐葉土の上に群落を作る。亜高山帯に比較的多い。茎は直立し10cmほどになる。茎の表面に白色の仮根があるため似ている種類と区別しやすい。葉は細長く、長さは10mmほど。葉の色は鮮やかな緑色。高温多湿に弱く蒸れると茶色になり枯れる。からっ風にも弱い。北海道から九州、朝鮮半島、中国に分布する。

乾燥した状態

タマゴケ

学名：*Bartramia pomiformis*

渓流沿いの乾いた斜面、湿度が高く直射日光が当たらない明るい崖に生える。7mmほどの細く尖った明るい緑色の針状の葉を放射状に付ける。茎の高さは5cm前後。コロニー状の塊が多く、時に斜面を覆う。胞子は丸く初めは緑色。熟すと、中心から赤味を帯びる。湿気は好きだが仮根が水に浸かることを嫌う。日本全土、北半球に分布する。

ジャゴケ

学名：*Conocephalum conicum*

沢筋の水がかかる岩や湿り気のある斜面、水が染み出る日陰の斜面に生える。環境がよいと壁面全体を覆うように生える。葉状体は光沢のある鮮やかなエメラルドグリーンで長さが10cmほどになる。葉状体の裏面から白い糸状の仮根が長く伸びる。葉を折ったり、すり潰すと、ミント系または柑橘系の爽やかな香りがする。日本全土、北半球に広く分布する。

蒴

コウヤノマンネングサ

学名：*Climacium japonicum*

亜高山帯や、深山の木漏れ日が射す湿度の高い腐葉土に生える。細い茎が枝分かれし2.5mmほどの葉をつける。茎の高さは10cmほど。近縁種のフジノマンネングサはコウヤノマンネングサより枝分かれが細かい。１次体の地下茎は枝分かれし長く伸び、その先々に２次体を地上に伸ばす。北海道から四国に見られ、東アジア、北アメリカに分布する。

乾燥した状態

乾燥した状態

オオカサゴケ

学名：*Rhodobryum giganteum*

落ち葉の積もる緩やかな斜面、日陰の常緑樹の下に小さな群落を作る。葉が濡れて展開していないとわかりにくい。展開すると番傘を開いた姿に似る。長い地下茎で繋がる。高さは6～8cmで直立茎の先に1～2cmほどの濃緑色の長鱗片状の葉を放射状につける。本州、四国、九州、沖縄に生える。また、中国、ハワイ、南アフリカ、マダガスカルにもある。

ヒノキゴケ

学名：*Pyrrhobryum dozyanum*

渓流の岩の隙間、明るい風通しのよい林の斜面に多い。10cmほどのコロニーが多いが、環境が合うと一面に広がり生える。ウマスギゴケなどが好む環境より乾燥を好む。茎は10cmほど。葉は透明感のない黄緑色の針状で10mmほどで密につく。葉が乾燥すると内側に巻き細くまとまる。本州、四国、九州、沖縄に生える。朝鮮半島、中国、インドネシアにもある。

乾燥した状態

乾燥した状態

ホソバオキナゴケ

学名：*Leucobryum juniperoideum*

小砂利まじりの土の上、生きたスギの幹の表面や根元に生える。高さは1～3cm、葉の長さは4mmほどで針状。葉は濡れて水分を含むと鮮やかなエメラルドグリーン、乾燥していると白色に近い半透明な極めて薄い抹茶色。コロニーの大きさは通常4cmほどで、時にコロニーがつながり合い一面を覆うこともある。日本全土、アジア、ヨーロッパに分布する。

コツボゴケ

学名：*Plagiomnium acutum*

日陰の林道の脇、水辺、常に濡れている岩場の表面や、堆積物のある岩の上にマット状に生える。葉は透明感のある緑色で、地面を這うように広がる。葉は卵形で先端が尖り3mmほど。高さは2cmほどで横に広がる。コツボゴケの雌株は緑色の小さな花が咲いたような姿になる。非常に乾燥に弱くすぐに縮れる。日本全土、アジアに分布する。

乾燥した状態

シシゴケ　学名：*Brothera leana*

山の沢筋にある岩の窪み、日の当たる大木の根元や、砂質の土の上に生える。光沢の強い緑色で、丸、または長卵形のコロニーを作る。時に広範囲に広がり地面を覆う。針状の長さ 1 cmほどの葉をつける。葉が硬いため乾燥してもあまり見た目が変わらない。濡れると光沢が増す。北海道、本州、四国、九州、朝鮮半島、中国、アフリカ、北アメリカに分布。

クロカワゴケ　学名：*Fontinalis antipyretica*

湧き水の流れ込む水溜り、清流の流れ込む小さな小川の小石や砂利にマット状に生える。葉の色は黒緑色。茎に 3 〜 8 mmほどの葉をつける。茎は長く10cmほどになることもある。クロカワゴケ、ミズキャラハゴケはアクアリウムショップで販売しているウィローモスの1種。北海道、本州、アジア、ヨーロッパ、北アメリカ、アフリカ北部に分布する。

乾燥した状態

ホソホウオウゴケ

学名：*Fissidens grandifrons*

滝の側の岩肌、明るい日陰の水が染み出る岩盤、渓流の側の崖に自生する。茎は垂れ下がるように伸び、5cmほどになる。枝分かれはせず、葉は鳥の羽根のように左右に分かれて並び5mmほど。乾燥すると葉の色が黒緑色になる。濡れると光沢のある濃緑色。形が鳥の羽根のように美しい。本州から九州に多く分布し台湾にもある。

ネズミノオゴケ

学名：*Myuroclada maximowiczii*

岩の壁面、山道の側溝脇や石垣などにマット状に生える。日陰では長く垂れ下がり、日が当たる場所では全体の長さが短い。風通しのよい場所を好む。長い個体では4cmほどになる。全体的に艶のある黒緑色で先の方は緑色になり、触ると硬い。1mmほどの小さな円形の葉を密につけ、先に行くほど小さくなる。日本全土、アジア、アラスカに分布する。

カマサワゴケ

学名：*Philonotis falcata*

用水路の水がかかる側溝の壁面、湧き水が流れ出る岩肌に生える。赤褐色の茎に、長さ2mmほどの黄緑色のギザギザのある細かな葉が沢山つく。茎の高さは1～5cm。2～5cm前後のコロニーで、群生する。水中に沈水状態でも成長できる。比較的低い水温を好む。水が常にかからないとすぐに枯れる。日本全土の渓流や水辺、アジア、アフリカに分布する。

乾燥した状態

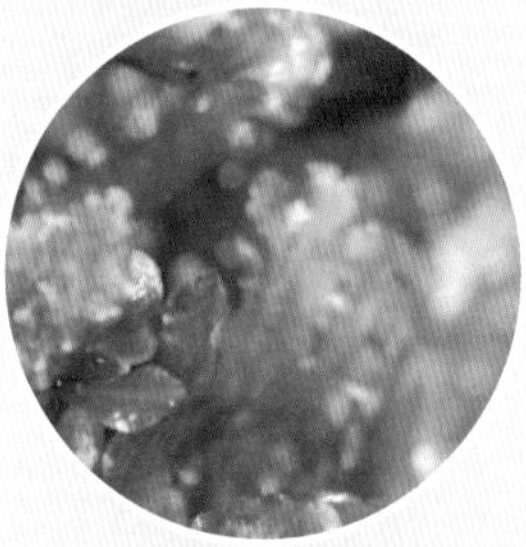

ホソバミズゼニゴケ　学名：*Pellia endiviifolia*

沢の縁、湧き水が流れる側溝、水が染み出る岩場の斜面にへばりつくように生える。通常10cm前後のコロニーだが、広範囲に広がり生えることもある。葉の色は明るい緑色。葉の長さは2～5cm、幅7mmほど。秋から冬にかけて葉状体の先にリボンのような無性芽をつける。日本全土、中国、インド、ヨーロッパ、北アメリカに分布する。

乾燥した状態

アラハシラガゴケ

学名：*Leucobryum bowringii*

半日陰のカヤやスギの根際近くの乾いた土上にコロニー状に生える。パステルカラーで非常によく目立つ。ホソバオキナゴケよりも太い葉を持ち、葉はゴワゴワした感じで重なり合う。葉は10mmほどで針状。高さは1～2cm。乾燥した状態ではパステルカラーの薄いミントグリーンをしている。濡れると濃い色になる。日本全土、東南アジアに広く分布する。

ウマスギゴケ　学名：*Polytrichum commune*

高原の明るい林や、林道の脇に50cmほどの巨大なコロニーを作り生える。枝分かれはせず、1本ずつ単独で成長する。葉は1cm位で放射状につける。環境がよいと高さ20cmほどまで伸びる。スギゴケ類では珍しく中心まで緑色のままのものが多い。乾燥すると棒のように葉がまとまる。日本全土、世界中ほとんどの場所に分布している。

索引

あとがき

コロナ禍で世界への移動ができなくなり国内にいることが多くなった。そんな世の中では室内で楽しめる苔テラリウムや庭先で楽しめる家庭菜園が人気だ。イギリスの友人たちは外出禁止の日々が続いたが、広い庭の手入れができて楽しいといっている。日本にはそんなに広い庭はないため、ガーデニングまではあまりできないのが残念だ。毎年ヨーロッパへ行き苔や山野草、雪割草の調査、撮影をしてきたが、行けなくなると寂しい。

この本の話が出たのは２０１９年の秋。まだ、その頃はこんなことになるとは思ってもいなかった。執筆する雑誌や本に使う写真はなるべく最新の撮り下ろし写真を使っている。なぜならば、読者に最新の情報を伝えたいからだ。なか

なかそうはいかない世の中になったが話をもらった秋から撮り始めた。流石に海外へは撮影に行けなかったが国内での撮影は十分に気をつけながら行った。普段は沢山の人が行き交う場所でも、人の写らない写真を簡単に撮影できたのはこの影響だろう。

今回、このような時期に素敵な苔テラリウムの本を書かせてもらい感謝いたします。カメラマンの蜂巣文香さんにはたくさん御無理を聞いていただきました。デザイナーの岸博久さん、素敵なデザインをしていただきありがとうございます。編集の黒田麻紀さんは素敵な機会を用意してくださいました。坂本晶子さんには、プロフィールの写真を撮影を、そしてアシスタントの石原由佳利さん、色々な手伝いをありがとうございます。いつも体を心配してくれる母に感謝します。

２０２１年５月
大野好弘

プロフィール

大野《おおの》 好弘《よしひろ》

園芸研究家。1973年神奈川県に生まれる。山野草や苔の育種を手がけ、特に雪割草の育種研究は35年以上の経験を持つ。現在、世界の雪割草を研究するため、大学との共同研究を行っている。苔テラリウムの講師として、大学や各地のカルチャーセンターで活躍。苔や山野草を配した造園のデザイン・施工も行っている。定期的にイギリスを訪れ、山野草や苔の撮影をしている。アクアリストとして陰日性サンゴの研究にも取り組み、水槽内での累代飼育法を初めて確立した。著書に『ザ・陰日性サンゴ』(誠文堂新光社)、『雪割草の世界』(エムピー・ジェー)、『苔の本』(グラフィス)、『苔の本Ⅱ』(エスプレス・メディア出版)、『コケを楽しむ庭づくり』(講談社)がある。『園芸JAPAN』では「雪割草の世界」を好評連載中。『NHK趣味の園芸』で執筆、テレビ東京系「TVチャンピオン極～KIWAMI～『苔箱庭王選手権』」審査員として出演。

写真　蜂巣文香(作品・手順カット)
カバー・本文デザイン　株式会社メルシング　岸博久
編集協力　戸村悦子
図版　プラスアルファ

よく育《そだ》つ栽培方法《さいばいほうほう》・管理《かんり》しやすい苔選《こけえら》び
らくらくメンテで長《なが》く楽《たの》しむ
苔《こけ》テラリウム

2021年6月15日　発　行　NDC627

著　者　大野《おおの》 好弘《よしひろ》
発行者　小川 雄一
発行所　株式会社 誠文堂新光社
〒113-0033　東京都文京区本郷3-3-11
(編集)電話03-5800-3625
(販売)電話03-5800-5780
https://www.seibundo-shinkosha.net/

印　刷　株式会社 大熊整美堂
製　本　和光堂 株式会社

©2021, Yoshihiro Ohno.　Printed in Japan

検印省略
万一落丁・乱丁本の場合は、お取替えいたします。
本誌掲載記事の無断転載を禁じます。

本誌のコピー、スキャン、デジタル化等の無断複製は、著作権法上での例外を除き、禁じられています。本誌を代行業者等の第三者に依頼してスキャンやデジタル化することは、たとえ個人や家庭内での利用であっても著作権法上認められません。

JCOPY 〈(一社)出版者著作権管理機構 委託出版物〉
本書を無断で複製複写(コピー)することは、著作権法上での例外を除き、禁じられています。本書をコピーされる場合は、そのつど事前に、(一社)出版者著作権管理機構(電話03-5244-5088／FAX 03-5244-5089／e-mail:info@jcopy.or.jp)の許諾を得てください。

ISBN978-4-416-62100-4